PROLOGUE | プロローグ

PROLOGUE

切る・並べる・焼くの 3 STEPでできる
天板1枚、魔法のオーブン料理！

　毎日の食事作りは、同時に何品も作るから、とにかく忙しいですよね。みそ汁は沸騰させないように、煮物、焼き物は焦がさないように、炒め物は炒めすぎないように…と常に気をまわしていなくてはなりません。そこで、ぜひ活用してほしいのがオーブンです。天板にのせて、オーブンに入れ、温度と時間をセットしてスイッチを押せば、あとは終了の合図を待つだけ。その間に他のおかずの用意ができるのですから、こんなにラクなことはありません。また、耐熱容器などの道具がないからオーブン料理は無理……と思っている人も安心してください。天板1枚あれば、毎日のおかずやおもてなし料理、グラタン＆ドリア、ピッツァ、スイーツなど、たくさんのお料理を楽しめます。この本で紹介するオーブン料理は、切って、並べて、焼くだけの3 STEPでできるから忙しい人の強い味方。天板をセットしてスイッチを押すだけで安心して任せられ、美味しく焼き上げてくれるオーブンは、"魔法の箱"だと思います。

上島亜紀

CONTENTS

PROLOGUE　プロローグ ……………………………………………… 002

BASIC　オーブン&天板のきほん
天板が1枚あるだけで。 ………………………………………………… 006
簡単だから、すぐに作りたいアツアツおかず！ ……………………… 007
自分のオーブンを使いこなすためのHOW TO講座 …………………… 008
3 STEPで作るオーブン料理の手順 …………………………………… 009
用意しておきたい道具 ………………………………………………… 010

Part 1　Everyday Cooking
肉&魚介×野菜で作る 毎日食べたい、こんがりおかず

肉×野菜①　鶏もも肉とトマトのロースト ………………………… 014
肉×野菜②　鶏手羽中とれんこん、ごぼうのロースト …………… 016
肉×野菜③　豚バラとアスパラのロースト　温泉卵のせ ………… 018
肉×野菜④　豚肉となすとズッキーニのミルフィーユ …………… 020
肉×野菜⑤　豚肩ロースときのことじゃがいものロースト ……… 022
肉×野菜⑥　牛肉とにんじんのロースト …………………………… 024
魚介×野菜①　サーモンとじゃがいものロースト ………………… 026
魚介×野菜②　たらとかぶのロースト ……………………………… 028
魚介×野菜③　ぶりと大根のロースト ……………………………… 030
魚介×野菜④　えびとパプリカのロースト ………………………… 032
魚介×野菜⑤　いかと長いものロースト …………………………… 034
野菜×旨味食材①　かぼちゃとさつまいもと生ハムのロースト … 036
野菜×旨味食材②　れんこんとアンチョビのロースト …………… 038
野菜×旨味食材③　白菜とブルーチーズのロースト ……………… 040
野菜×旨味食材④　パプリカとランチョンミートのロースト　温泉卵のせ … 042
野菜×旨味食材⑤　玉ねぎとスモークサーモンのロースト ……… 044

Column　驚くほどやわらか、ジューシー！　肉×フルーツの美味しいレシピ … 046
豚肩ロースとりんごのロースト／鶏もも肉とレモンのクリーム焼き／
牛もも肉とパイナップルのロースト／鶏手羽元とオレンジとプルーンのロースト

Column　天板1枚で作るオーブン料理を美味しく作るコツ① …………… 050

Part 2　Special Day
思わず歓声が上がる！ とっておきの日のごちそうおかず

とっておきの日のごちそう①　ごちそうパエリア ………………… 054
とっておきの日のごちそう②　骨つき鶏もも肉のカチャトーラ … 056
とっておきの日のごちそう③　スペアリブと香味野菜と丸ごと玉ねぎのロースト … 058
とっておきの日のごちそう④　ラムチョップとサルサのクスクス … 060
とっておきの日のごちそう⑤　ノルウェーサーモンと緑の野菜の香草焼き … 062
とっておきの日のごちそう⑥　ドライフルーツのローストポークと
　　　　　　　　　　　　　　　ザワークラウトのロースト …… 064
とっておきの日のごちそう⑦　タルトフランベ …………………… 066

Column　焼いている間にもう一品。和えるだけのおかず ………………… 068
スチームなすと生ハムのマリネ／玄米サラダ／チャーシューとセロリのサラダ／
きゅうりと鶏ハムのピリ辛バンバンジー／鶏ハムと薬味のサラダ／鯛のセビーチェ／
ミックスビーンズとツナのサラダ／トマトとオイルサーディンのバジルサラダ／
ゆで卵とアボカドのヨーグルトサラダ／キャロットラペ／ミニトマトとオレンジのサラダ／
じゃがいもといんげんのマリネ

| Column | 天板1枚で作るオーブン料理を美味しく作るコツ② ……… **074** |

Part 3 Gratin & Doria
アツアツ！　グラタン＆ドリア

グラタン①	洋食屋さんのグラタン …………………………………… **078**
グラタン②	じゃがいもと牡蠣のグラタン ……………………………… **080**
グラタン③	ムサカ ……………………………………………………… **082**
ドリア①	えびとマッシュルームのオーロラドリア ………………… **084**
ドリア②	白身魚のドリア …………………………………………… **086**
ドリア③	デミグラのクリームドリア ……………………………… **088**

| Column | 包んでおいしい　スチーム焼きレシピ ………………………… **090** |

アクアパッツァ／白身魚の香草蒸し／鶏肉と野菜のエスニック蒸し／
豚とあさりのトマト蒸し

| Column | 天板1枚で作るオーブン料理を美味しく作るコツ③ ……… **094** |

Part 4 Pizza & Focaccia
サクサク！　ふわふわ！　粉ものレシピ

| ピッツァ生地の作り方 ………………………………………………… **096** |
| フォカッチャ生地の作り方 …………………………………………… **097** |
ピッツァ①	ビスマルク ………………………………………………… **098**
ピッツァ②	じゃがいもとアンチョビ、ローズマリーのピッツァ …… **100**
ピッツァ③	クアトロフォルマッジョ ………………………………… **102**
フォカッチャ①	野菜たっぷりフォカッチャ ……………………………… **104**
フォカッチャ②	セミドライトマトとローズマリーのフォカッチャ ……… **106**

| Column | 深い容器でじっくりコトコト、スープレシピ ………………… **108** |

オニオングラタンスープ／丸ごと玉ねぎの肉詰めスープ／焼きミネストローネ／
冬瓜と鶏手羽中のスープ

| Column | 天板1枚で作るオーブン料理を美味しく作るコツ④ ……… **112** |

Part 5 Sweets
おみやげ、プレゼントにも♪
型いらずの簡単スイーツ

スイーツ①	ベイクドチーズケーキ …………………………………… **116**
スイーツ②	ブラウニー ………………………………………………… **118**
スイーツ③	フレンチトースト ………………………………………… **120**
スイーツ④	ロールケーキ ……………………………………………… **122**
スイーツ⑤	パーティーケーキ ………………………………………… **124**

INDEX …………………………………………………………………… **126**

この本の使い方

* 本書で使用しているオーブンはガスオーブンです。電気オーブンを使用する場合は、天板の大きさや火力が異なりますので、調節をしながら使ってください。材料は1.5倍、加熱温度は約20℃高めに設定するとよいでしょう。

* オーブンは機種により性能に差があるため、表示の温度と焼き時間を目安にご使用のオーブンに合わせて調整してください。

* 計量単位は1カップ＝200㎖、大さじ1＝15㎖、小さじ1＝5㎖です。

* 「少々」は小さじ⅙未満、「適量」はちょうどよい量を入れること、「適宜」は好みで必要であれば入れることを示します。

* 電子レンジは600Wを基本としています。500Wの場合は加熱時間を1.2倍にしてください。

* 小麦粉は薄力粉を使用しています。

BASIC

オーブン&天板のきほん

天板が1枚あるだけで。

ガスオーブン用
天板

320mm × 280mm

本書のレシピで使う天板はこのタイプを使用しています。また、本書のレシピはこのサイズの天板1枚にのる分量を基準にしています。

電気オーブン用
天板

407mm × 303mm

電気オーブンの天板は、このサイズが主流です。ガスオーブンより少し大きめなので、分量は1.5倍ぐらいを目安にするといいでしょう。

Merit 1

耐熱容器や型いらず。
思い立ったらすぐできる！

天板1枚あれば、クッキングシートを敷くだけで耐熱容器代わりになるから手軽！　こんがり焼き上げるローストおかずやグラタン、ドリアなどもダイナミックに仕上がります。収納場所に困るお菓子の型の代わりにも。

Merit 2

見栄えがするから、そのまま
テーブルに出しておもてなしに！

おもてなし料理は準備が大変。天板1枚なら、豪華食材を真ん中において、まわりに彩り鮮やかな野菜を並べて焼くだけで、テーブルが華やぐ一品に。メインディッシュとして見栄えがするから、ゲストも大喜びなはず！

Merit 3

オーブンで焼いてる間に
もう1品！

オーブンで焼いている間に、サブおかずの用意もラクラク。毎日の夕飯やおもてなしのときにも使える時短ワザです。オーブンのスイッチを押せば手が離れるので、和えるだけのおかずなら、2〜3品の準備も可能！

簡単だから、すぐに作りたいアツアツおかず！

BASIC　オーブン＆天板のきほん

自分のオーブンを
使いこなすためのHOW TO講座

オーブンは大きく分けて「ガスオーブン」と「電気オーブン」の2種類。電気オーブンの中には最近主流の「スチームオーブン」があります。それぞれの特徴を押さえましょう。

オーブンの加熱のしくみって？

空気を熱し、食品の水蒸気でじっくり加熱する

ガスやヒーターによって空気がじっくりと熱され、食品から発生する水蒸気と一緒に、庫内を100℃以上の状態にし、空気と水蒸気を循環させながら食材を間接的に加熱するのがオーブンの加熱のしくみ。本書ではガスオーブンを基本としていますが、**電気オーブンはガスオーブンに比べて火力が弱いので加熱温度は約20℃高く設定を。**

	機能	加熱のしくみ	特徴
ガスオーブン	**オーブン加熱が主流。電子コンベックタイプも**　ガスオーブンはオーブン機能がメイン。電子レンジ機能も使える電子コンベックタイプも人気の機能です。	**ガスの火力による熱風で加熱**　空気をじっくりと熱し、熱風と食材の水蒸気で、食材の表面をこんがりと焼き上げ、中まで火を通します。	**短時間で高温になりやすく、火力が強い**　火力が強いため高温になりやすく、庫内の温度も下がりにくいのが特徴。短時間でパリッとジューシーに。
電気オーブン	**オーブン、グリル、レンジ機能がある**　オーブン加熱だけでなく、グリル機能、レンジ機能がついているものが主流。	**庫内のヒーターから出る熱風によって加熱**　ヒーターから出る熱風で空気をじっくり熱し、食材から出る水蒸気とともに、食材を間接的に加熱します。	**温度が上がりにくく、下がりやすい**　比較的温度が上がりにくいですが、最新機種はガスオーブンの火力に近づけたものも多いです。
スチームオーブン	**水蒸気によるスチーム機能が充実**　電気オーブンとの違いは、スチーム機能によって蒸し焼きや油を使わずに揚げ物などの料理ができること。	**ヒーターで空気を温め、スチームで素早く加熱**　空気と食品からの水蒸気による加熱ではなく、水を沸騰させた100℃以上の過熱水蒸気で加熱します。	**内部まですばやく火が通ってジューシー**　水蒸気を利用して内側までしっかり火を通すことができるので、外はカリカリ、中はしっとりを実現。

3 STEPで作る
オーブン料理の手順

この本で紹介するオーブン料理は本当に簡単！ たったの3 STEPで、どんな調理器具で作るよりも美味しい料理ができちゃいます。まずは、調理の流れを覚えましょう。

STEP 1 | 切る

野菜は食べやすい大きさに切りましょう。大きさや切り方をそろえるのがコツ。肉や魚介も同様に切って水けをしっかり拭き取る、下味をつけるなどの下準備をします。このときに調味料やトッピングなどの準備もしてしまいましょう。また、天板にクッキングシートを敷き、オーブンの予熱の温度のセットも事前にしておくと、直前に慌てずに済みます。

→ オーブンを温める

MEMO
天板にのせる分量のこと

本書では天板1枚の分量で作るレシピを掲載しています。ガスオーブン用の天板が基準なので、電気オーブン用の天板を使う場合は、分量は1.5倍ぐらいにするのが目安。

STEP 2 | 並べる

下処理をした肉や魚介、野菜を一緒にボウルに入れ、下味と油を加えてざっくりと絡めます。そして、クッキングシートを敷いた天板の上に並べます。野菜を下に、肉や魚介を上にのせるのが基本。かたまり肉や魚介は真ん中におき、野菜をまわりに並べると見た目もきれいです。鶏肉の皮目は上にして焼くとパリッと仕上がるのでおすすめ。

→ オーブンに入れ、時間を設定

MEMO
焼きムラをなくす並べ方のコツ

下味と油を絡めたあと、野菜を下にまんべんなく敷き詰め、上に肉や魚介類をのせますが、その際、肉や魚介同士が重ならないように並べるのがポイント。

STEP 3 | 加熱する

予熱が終わったら、天板ごとオーブンにセットして扉を閉めます。レシピに表示されている時間を設定し、スタートボタンを押して加熱スタート！ 焼き上がったら、ミトンをして天板ごと取り出し、一度、鍋敷きの上において。アツアツのうちに器に盛りつけても、そのままテーブルに運んでもOK！ 汁が出やすいのでこぼさないように注意して。

MEMO
オーブンの種類による加熱時間のこと

焼き時間は、オーブンの機種によって焼き色を確かめながら調整を。電気オーブンを使うときは、扉を開けるたびに熱が下がりやすいので、20℃ぐらい高い温度で予熱して。

BASIC

オーブン＆天板のきほん

用意しておきたい道具

天板1枚で作るオーブン料理を楽しみたいなら、まずは基本の道具をそろえましょう。デザインなどにこだわって選ぶのも、オーブン料理を楽しむコツです。

クッキングシート

天板1枚で作るオーブン料理に欠かせないのが、このクッキングシート。使用する天板よりも大きめのサイズを選んで。あらかじめ、天板のサイズをはかっておくことが大切です。

鍋敷き

焼き上がってから天板を取り出し、調理台やテーブルにおくときに。アツアツの天板を直におくと焦がしたり、変型させることもあるので要注意。木製のものや鉄製のものなどさまざま。

ミトン＆軍手

焼き上がった天板を取り出すときに必要なのがミトン。天板を持ち運ぶのにも便利。耐熱性が高く、つかみやすいものを選んで。薄手のミトンの場合は下に軍手をはめると安心。

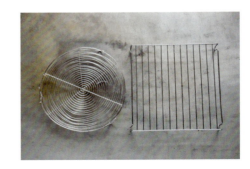

ケーキクーラー

ピッツァやケーキなどの粉ものやお菓子を焼いて、そのまま粗熱をとりたいときに。カットするときは、粗熱がとれていないとうまく切れないのでケーキクーラーにのせること。

Part

1

Everyday Cooking

肉&魚介×野菜で作る 毎日食べたい、 こんがりおかず

毎日のおかずこそ、オーブンを使ってほしい！ そんな願いから、デイリーに使えて美味しい天板レシピを紹介します。フライパンや鍋を使うよりも実はとってもラク。焼いている間に、副菜や汁物を作れば、食事の支度はあっという間です。

肉×野菜、魚介×野菜、
野菜×旨味食材で
あっという間に今晩のおかず

主菜、副菜、汁物、ご飯の一汁三菜の食事作りに、やたらと時間がかかってしまうことってありますよね。毎日のおかず作りは、段取りが勝負。でも、フライパンや鍋で調理するときは、火加減や仕上がり具合などを常にチェックしなくてはならず、どうしても手間どってしまうことも。そこでおすすめなのが、天板1枚で作る毎日のおかず。肉や魚介のたんぱく質の食材1種と野菜1～2種類を組み合わせて、天板にのせてオーブンに入れるだけ。スイッチを押せば、手を離すことができ、どれも30分ほどで焼き上がるものばかりだから、加熱している間に、副菜、汁物を作ればあっという間に完成です。毎日のことだからこそ、もっとオーブンを活用してほしいと思います。

天板1枚で作る 毎日のおかず 3つのルール

① 組み合わせる食材は2～3種類と決めると手軽

毎日のことだからこそ、食事の準備は簡単なのが一番。食材を切って、並べて、焼くだけのオーブン料理でも食材が多いと切る手間が増えて大変。食材は2～3種類に限定して。

② アツアツは今晩のうちに、余った分は作りおきとして保存

天板の大きさに合わせて作るオーブン料理は、ボリューム満点。だいたい4～6人分を一気に作れます。アツアツはもちろん今晩のおかずにして、余ったら上手に保存して。

③ 天板のままテーブルにのせても、それぞれ皿に盛りつけても

毎日のおかずはそれぞれ皿に盛りつけるのが一般的ですが、天板にのせた料理はインパクトが強いので、毎日の食卓に変化をつけるために、ときには天板ごとテーブルに出しても。

Part 1 Everyday Cooking 肉×野菜①

鶏もも肉とトマトのロースト

こんがり焼き色がついた鶏肉とトマトのジューシーさが際立つ一品です。
バジルの葉を散らして彩りよく仕上げれば、食卓が一気に華やかに。

OVEN
180℃
30-35min

材料（天板1枚分／4〜6人分）

鶏もも肉…3枚（700〜800g）
ミニトマト…10〜12個
セロリ…1本
塩・こしょう…各適量

A
- オリーブオイル…大さじ3
- バルサミコ酢…大さじ3
- はちみつ…大さじ1
- 塩・こしょう…各適量
- バジルの茎（みじん切り）…½パック分

トッピング
バジルの葉…½パック分

作り方

1 切る
鶏肉は2枚重ねにしたペーパータオルで包んで水けを取り、隠し包丁（P74）を入れ、ひと口大に切り、塩、こしょうをしっかりふる。セロリは薄い輪切りにする。

2 並べる
ボウルに1、ミニトマト、**A**を入れてよく混ぜ、クッキングシートを敷いた天板に鶏肉が重ならないように並べ、残りの具材も並べる。

3 焼く
180℃に予熱したオーブンで30〜35分焼く。仕上げにバジルの葉を散らす。

POINT!

鶏肉が重ならないように並べる

天板に鶏肉を重ならないように並べたら、その隙間にミニトマトとセロリをおいていきます。鶏肉は皮目を上にして焼くと、皮がこんがり焼き上がって美味しいです。

Part 1 Everyday Cooking ｜ 肉 × 野菜 ②

鶏手羽中とれんこん、ごぼうのロースト

甘じょっぱいタレが鶏手羽によく絡んで、おかずにもおつまみにもおすすめ。
ごまをかけた和風な一品。根菜の歯応えも楽しめます。

OVEN
180℃
25-30 min

材料（天板1枚分／4〜6人分）

鶏手羽中…500g
れんこん…300g
ごぼう（太め）…1本
A ｜ ごま油…大さじ3
　｜ しょうゆ…大さじ3
　｜ 酒・みりん…各大さじ2
　｜ にんにく（すりおろし）
　｜ 　…2かけ分

トッピング

白いりごま…適量

作り方

1 切る
鶏肉は2枚重ねにしたペーパータオルで包んで水けを取り、裏に一本切り目を入れる。れんこん、ごぼうは皮をむき、ひと口大の乱切りにし、アク抜きをして水けを拭き取る。

2 並べる
ボウルに1、Aを入れてよく混ぜ、クッキングシートを敷いた天板に鶏肉が重ならないように並べ、残りの具材も並べる。

3 焼く
180℃に予熱したオーブンで25〜30分焼く。仕上げに白いりごまをかける。

POINT!

鶏手羽中に切り目を入れる

鶏手羽中は骨にそって切り目を一本入れましょう。味が染み込みやすくなるうえ、火が通りやすくなります。また、食べやすくもなるので、子供のためにもおすすめです。

Part 1 Everyday Cooking｜肉×野菜③

豚バラとアスパラのロースト 温泉卵のせ

OVEN
180℃
15-20min

豚バラ肉を巻いたアスパラガスに、チーズの風味が引き立つおかず。
崩した温泉卵の黄身がとろりと絡んで、見ているだけで食欲がそそられます。

材料（天板1枚分／4～6人分）

豚バラしゃぶしゃぶ用肉
　…20枚
グリーンアスパラガス（太め）
　…20本
ピザ用チーズ…大さじ4
A ｜ オリーブオイル
　　　…大さじ3
　　塩・こしょう…各適量
　　イタリアンパセリの茎
　　（みじん切り）
　　…½パック分

トッピング
温泉卵…2個

作り方

1 準備する
アスパラガスは根元のかたい部分を取り除いて豚肉を巻き、**A**で和える。

2 並べる
天板にクッキングシートを敷き、1を並べ、チーズをかける。

3 焼く
180℃に予熱したオーブンで15～20分焼く。仕上げに温泉卵をのせる。

POINT！

具材を規則正しく並べる

豚肉を巻いたアスパラガスは、縦におき、一列に並べることで、均一に火が通ります。天板一面に整列しているので、見た目もきれいな印象になり、おもてなしにも◎。

Part 1 Everyday Cooking 肉×野菜 ④

豚肉となすとズッキーニの ミルフィーユ

OVEN
180°C
25-30 min

カリッと焼かれた豚肉の下には、うまみが染みたやわらかいなすとズッキーニ。
焼き上がりに散らすパクチーが、コクのある豚バラ肉によく合います。

材料（天板1枚分／4〜6人分）

豚バラ薄切り肉…300g
なす…2本
ズッキーニ…2本
A ｜ オリーブオイル
　　　…大さじ4
　　　ナンプラー…大さじ3
　　　パクチーの茎
　　　（みじん切り）…3株分
　　　こしょう…適量

トッピング
パクチーの葉…3株分

作り方

1 切る
なすとズッキーニは5mm幅の輪切りにし、豚肉は5cm幅に切る。

2 並べる
ボウルに**1**、**A**を入れてよく混ぜ、クッキングシートを敷いた天板に、なすとズッキーニをバランスよく並べ、上に豚肉をのせる。

3 焼く
180℃に予熱したオーブンで25〜30分焼く。仕上げにパクチーの葉を散らす。

POINT!

野菜は肉の下におく

なすとズッキーニの輪切りを天板に広げ、その上に豚肉をおいて焼くことで、野菜が豚肉のうまみを残さずキャッチします。パクチーの茎のみじん切りを加えることで風味がアップ。

Part 1 Everyday Cooking 肉×野菜⑤

豚肩ロースときのこと じゃがいものロースト

OVEN
180℃
25-30min

厚切りの豚肉、旨味たっぷりのきのこ、ほくほくのじゃがいもにハニーマスタードが絡んで、かむたびに深い味わいが口いっぱいに広がります。

材料（天板1枚分／4〜6人分）

豚肩ロース厚切り肉… 500g
じゃがいも（大）… 2個
しめじ・エリンギ
　…合わせて3パック分
A｜オリーブオイル
　　　…大さじ3
　｜粒マスタード…大さじ3
　｜はちみつ…大さじ1
　｜塩・こしょう…各適量
　｜ローズマリー（葉を摘む）
　　　…2枝分

作り方

1　切る
じゃがいもはよく洗い、皮ごと2.5cm角くらいの乱切りにする。しめじは大きめの小房に分け、エリンギは大きめに切る。豚肉は1cm幅に切り、ひと口大に切る。

2　並べる
ボウルに1、Aを入れてよく混ぜ、クッキングシートを敷いた天板に豚肉が重ならないように並べ、残りの具材も並べる。

3　焼く
180℃に予熱したオーブンで25〜30分焼く。

POINT!

ごろごろした具材を楽しむ

天板に敷き詰められたごろごろした具材が楽しめる一品です。きのこは大きめに切ってボリューム感を出します。パリッとした皮つきのじゃがいもの食感がアクセントに。

Part 1 Everyday Cooking 肉×野菜 ⑥

牛肉とにんじんのロースト

バターじょうゆにマーマレードとシナモンを加えた、甘酢っぱいソースでいただきます。
マーマレードを加えることで牛肉がやわらかく仕上がります。

OVEN
180℃
20-25min

材料（天板1枚分／4～6人分）

牛カルビ焼き肉用…500g
にんじん…2本
にんにく…2かけ
長ねぎ…1本
A │ 溶かしバター…大さじ3
　 │ マーマレード…大さじ3
　 │ しょうゆ…大さじ3
　 │ シナモン…小さじ1
　 │ 塩・こしょう…各適量

作り方

1　切る
牛肉はひと口大に切る。にんじんは5mm幅の輪切りにし、にんにくは薄切りにする。長ねぎは5mm幅の斜め切りにする。

2　並べる
ボウルに1、Aを入れてよく混ぜ、クッキングシートを敷いた天板に牛肉が重ならないように並べ、残りの具材も並べる。

3　焼く
180℃に予熱したオーブンで20～25分焼く。

POINT!

ソースをよく絡めていただく

バターがたっぷり入ったソースが具材によくなじみます。薄切りの具材には、汁けが多めのソースをしっかり絡めることで、パサつきにくくなり、美味しいです。

Part 1 Everyday Cooking｜魚介×野菜①

サーモンとじゃがいものロースト

オリーブオイルと塩、こしょうでシンプルに味つけし、ディルとレモンをアクセントに。
くたっとしたせん切りのじゃがいもが、肉厚のサーモンによく合います。

OVEN
180℃
25-30min

材料（天板1枚分／4〜6人分）

サーモン半身… 600g
じゃがいも…大2個
セロリ…1本
レモン（国産）…1個
A｜オリーブオイル
　　…大さじ3
　　ディルの茎（みじん切り）
　　… 1パック分
　　セロリの葉（みじん切り）
　　… 1本分
　　塩・こしょう…各適量

トッピング
ディルの葉… 1パック分

作り方

1 切る
サーモンはひと口大に切り、2枚重ねにしたペーパータオルで包み、余分な水けを取る。じゃがいもは皮をむき、せん切りにする。セロリは斜め薄切りにする。レモンは半分に切る。

2 並べる
ボウルにAを半量入れ、じゃがいもとセロリを加えてよく和える。別のボウルに残りのAを入れ、サーモンを加えて和える。天板にクッキングシートを敷き、じゃがいもとセロリを広げ、サーモン、レモンを上にのせる。

3 焼く
180℃に予熱したオーブンで25〜30分焼く。仕上げにディルの葉をのせる。

POINT!

さっぱり食材をプラス

脂がのったサーモンは、さわやかな香りのディル、レモン、セロリとの相性が抜群。レモンを全体にキュッと搾れば、さっぱりといただけます。ディルの香りが広がる一品です。

Part 1 Everyday Cooking 魚介×野菜②

たらとかぶのロースト

淡白な味のたらとかぶには、ガラムマサラとウスターソースでメリハリのある味つけを。
大きめに切ったかぶがごろっと入って、歯応えが楽しめます。

OVEN
180°C
20-30min

材料（天板1枚分／4〜6人分）

たら（切り身）…6切れ
かぶ…5個
長ねぎ…1本
ガラムマサラ…大さじ½
塩・こしょう・小麦粉
　…各適量
A｜オリーブオイル
　　…大さじ3
　｜ウスターソース
　　…大さじ3
　｜ガラムマサラ…大さじ½
　｜塩・こしょう…各適宜

トッピング

パセリ（刻む）…少々

作り方

1 切る
たらは2枚重ねにしたペーパータオルで包み、余分な水けを取り、ガラムマサラ、塩、こしょうをなじませ、小麦粉を薄くはたく。かぶは茎を2cmほど残して皮をむき、4等分に切る。長ねぎは5mm幅の斜め切りにする。

2 並べる
ボウルにA、かぶ、長ねぎを入れてよく混ぜ、クッキングシートを敷いた天板に並べる。残りのAにたらを絡ませて上にのせる。

3 焼く
180℃に予熱したオーブンで20〜30分焼く。仕上げにパセリを散らす。

POINT!

ガラムマサラで香りを足す

火を通して甘みが増したかぶがごろっと入って、見栄えも◎なおかずです。ウスターソースとガラムマサラでしっかりとした味つけに。たら、長ねぎともよく合います。

Part 1 Everyday Cooking｜魚介×野菜③

ぶりと大根のロースト

しょうゆとみりんの定番の組み合わせに、バルサミコ酢のやわらかな酸味を加えました。
にんにくがたっぷり入った、くせになる美味しさです。

OVEN
180℃
30-35min

材料（天板1枚分／4〜6人分）

ぶり（切り身）…6切れ
大根…½本
塩・こしょう…各適量
A ┃ 溶かしバター…大さじ3
　┃ バルサミコ酢…大さじ2
　┃ しょうゆ…大さじ2
　┃ みりん…大さじ2
　┃ にんにく（薄切り）
　┃ 　…2かけ分
塩・こしょう…各適量

作り方

1　切る
ぶりはひと口大に切り、2枚重ねにしたペーパータオルで包んで余分な水けを取り、塩、こしょうをしっかりまぶす。大根は皮を厚めにむき、5mm幅の半月切りにする。

2　並べる
ボウルに1、Aを入れてよく和える。クッキングシートを敷いた天板に和えた大根を広げ、ぶりをのせる。

3　焼く
180℃に予熱したオーブンで30〜35分焼く。

POINT!

ぶりのくさみを取り除く

ぶりは水分をしっかりと拭き、生ぐささを取り除いてから、味つけしましょう。こくのあるバターとバルサミコ酢にしょうゆとみりんの照り焼き味がよく合い、和と洋どちらでも楽しめます。

Part 1 Everyday Cooking 魚介×野菜 ④

えびとパプリカのロースト

バターピーナッツの食感が楽しいトマト味のローストです。
えびと2色のパプリカが入っているから、テーブルが一気に明るくなります。

OVEN
180℃
15-20min

材料（天板1枚分／4〜6人分）

えび…20〜30尾
パプリカ（赤・黄）…各1個
片栗粉…大さじ2
A │ にんにく（みじん切り）
　　　…3かけ分
　　トマトペースト
　　　…大さじ2
　　バターピーナッツ（砕く）
　　　…大さじ3
　　パプリカパウダー
　　　…大さじ2
　　チリパウダー
　　　…大さじ½〜1
　　オリーブオイル
　　　…大さじ3

作り方

1 準備する
えびは殻つきのままはさみで背に切り込みを入れ、背わたを取り除き、片栗粉をしっかりもみ込む。冷水で洗い、2枚重ねにしたペーパータオルで包んで水けを取る。パプリカは縦に1cm幅に切る。

2 並べる
ボウルに1、Aを入れてよく和え、クッキングシートを敷いた天板に敷き詰める。

3 焼く
180℃に予熱したオーブンで15〜20分焼く。

POINT!

ピーナッツで食感をプラス

砕いたピーナッツを加えることで、食感に変化が出てパクパク食べられます。にんにくの風味とトマト味に、ピーナッツのコクがマッチし、後を引く美味しさです。

いかと長いものロースト

ごまと山椒の風味が広がる和風のおかず。
いかの旨味と長ねぎの甘み、長いもの食感が楽しめる、ご飯に合う一品です。

OVEN
180°C
15-20min

材料（天板1枚分／4〜6人分）

いか…2杯
長いも…1本
長ねぎ…2本
A　ごま油…大さじ3
　　しょうゆ…大さじ3
　　みりん…大さじ3
　　山椒…小さじ½〜1

トッピング
白いりごま…適量

作り方

1　切る
いかは内臓と軟骨を取り除き、胴は7mm幅の輪切りにし、ゲソは3等分に切る。長いもは皮をむき、4cm幅に切り、縦4等分に切る。長ねぎは3cm幅に切る。

2　並べる
ボウルに1、Aを入れてよく和え、クッキングシートを敷いた天板に敷き詰める。

3　焼く
180℃に予熱したオーブンで15〜20分焼く。仕上げに白いりごまをかける。

POINT!

食材の食感の違いを楽しむ

ローストした長いものしゃきしゃきとした食感と、こんがり焼き色がついた長ねぎのやわらかい食感、胴とゲソを両方使ったいかのしっかりとした歯応えを楽しめます。

Part 1 Everyday Cooking｜野菜×旨味食材①

かぼちゃとさつまいもと生ハムのロースト

薄切りにしたかぼちゃとさつまいもに、生ハムの塩けが利いています。粗びき黒こしょうをたっぷりふっていただくのがおすすめ。

OVEN
170℃
30-35min

材料（天板1枚分／4〜6人分）

かぼちゃ…1/8個
さつまいも…大1本
生ハム（あればコッパ）…20枚
にんにく…2かけ
溶かしバター…大さじ3
クミンシード…小さじ1

トッピング
粗びき黒こしょう…適量

作り方

1 切る
かぼちゃとさつまいもは2mm幅の薄切りにする。にんにくはみじん切りにする。

2 並べる
天板にクッキングシートを敷き、かぼちゃ、さつまいも、生ハムの半量、にんにくの全量を順にのせる。さらに残りのかぼちゃ、さつまいも、生ハムを順に重ね、溶かしバターを回しかけ、クミンシードをふる。

3 焼く
170℃に予熱したオーブンで30〜35分焼く。仕上げに粗びき黒こしょうをふる。

POINT!

具材を順に重ねる

具材を順に重ねることで、生ハムのうまみがまんべんなく味わえます。生ハムは手に入れば、豚の首から肩の肉にスパイスをもみ込んで作るコッパがおすすめ。

Part 1 Everyday Cooking | 野菜×旨味食材 ②

れんこんとアンチョビのロースト

ちぎったバゲットをれんこんと一緒にオーブンで焼き上げました。
アンチョビの塩けとにんにくの風味で、止まらない美味しさです。

OVEN
180℃
15-20min

材料（天板1枚分／4〜6人分）

れんこん…200g
アンチョビ…10枚
にんにく…3かけ
バゲット…1本
A | オリーブオイル
　　　…大さじ4
　　万能ねぎの茎
　　　（小口切り）…10本分
　　塩・こしょう…各適量

トッピング
万能ねぎ（小口切り）
　　…10本分

作り方

1. **切る**
れんこんは皮をむき、ひと口大の乱切りにし、酢水に5〜10分つけてアクを取り、ペーパータオルで水けをしっかり拭き取る。アンチョビは細かく切り、にんにくは薄切りにする。バゲットはひと口大にちぎる。

2. **並べる**
ボウルに1、Aを入れてよく和え、クッキングシートを敷いた天板に敷き詰める。

3. **焼く**
180℃に予熱したオーブンで15〜20分焼く。仕上げに万能ねぎを散らす。

POINT!

バゲットも一緒に焼く

バゲットも一緒に和えて焼くことで、オリーブオイルが絡んで、パリッとこんがり焼き上がります。ボリューム満点なので、大人数の食卓にもおすすめです。

Part 1 Everyday Cooking｜野菜×旨味食材 ③

白菜とブルーチーズのロースト

天板いっぱいに白菜を敷き詰め、シンプルながらもボリューム感を出しました。
ブルーチーズがくせになる大人な味わいなので、ワインのお供にも。

OVEN
180℃
15-20min

材料（天板1枚分／4〜6人分）

白菜…¼株
A｜ブルーチーズ…100g
　｜生クリーム…100g
粗びき黒こしょう…適量

作り方

1 切る
白菜は縦半分に切る。ボウルにAを入れ、よく混ぜる。

2 並べる
天板にクッキングシートを敷き、白菜を並べ、葉の間に塗るようにAを挟み込み、粗びき黒こしょうをふる。

3 焼く
180℃に予熱したオーブンで15〜20分焼く。

POINT!

葉の間に塗り込む

白菜は縦に切るだけで、形をいかして焼き上げます。重なった葉の間に混ぜ合わせたブルーチーズと生クリームを塗り込むことで、まんべんなく味がしっかりと絡みます。

Part 1 Everyday Cooking｜野菜×旨味食材④

パプリカとランチョンミートのロースト 温泉卵のせ

OVEN
180℃
15-20 min

角切りにした具材がかわいらしい、子供から大人まで喜ばれる一品です。ジューシーなランチョンミートに温泉卵を絡めていただきます。

材料（天板1枚分／4〜6人分）

パプリカ（黄・赤）…各1個
玉ねぎ…1個
ランチョンミート…1缶
A｜オリーブオイル
　　　…大さじ2
　　タイム…3枝
　　ウスターソース
　　　…大さじ3
　　塩・こしょう…各適量

トッピング
温泉卵…2個

作り方

1 切る
パプリカ、玉ねぎ、ランチョンミートは2cm角に切る。

2 並べる
ボウルに1、Aを入れてよく和え、クッキングシートを敷いた天板に敷き詰める。

3 焼く
180℃に予熱したオーブンで15〜20分焼く。仕上げに温泉卵をのせる。

POINT!

具材を2cm角にそろえる

具材の大きさをそろえて切ることで、均一に味がなじみ、火の通りもムラになりにくく焼き上がります。仕上げにのせる温泉卵を絡めれば、濃厚でマイルドな一品に。

Part 1 Everyday Cooking 野菜×旨味食材⑤

玉ねぎとスモークサーモンのロースト

ケイパーとオリーブオイル、塩、こしょうの味つけで、食材の味を楽しめます。
レモンを全体に搾って、さっぱりと召し上がれ。

OVEN
180°C
15-20min

材料（天板1枚分／4〜6人分）

玉ねぎ…2個
スモークサーモン…300g
りんご…1個
レモン（国産）…1個
ディルの茎…½パック分
ケイパー（またはピクルスのみじん切り）
　…大さじ2
A ┃ オリーブオイル
　┃　…大さじ3
　┃ 塩・こしょう…各適量

作り方

1 切る
玉ねぎは薄切りにし、りんごはせん切りにする。ディルの茎はみじん切りにする。スモークサーモンはひと口大にちぎる。

2 並べる
ボウルに1、ケイパー、Aを入れて和え、クッキングシートを敷いた天板に敷き詰め、半分に切ったレモンをのせる。

3 焼く
180℃に予熱したオーブンで15〜20分焼く。

POINT!

薄味で食材の味を楽しむ

スモークサーモンにコクがあるので、シンプルな味つけでも十分満足感のあるおかずに。玉ねぎの薄切り、りんごのせん切りを混ぜて、やわらかい酸味と甘みをプラスしました。

Column

驚くほどやわらか、ジューシー!
肉×フルーツの美味しいレシピ

肉をやわらかくする働きがあるフルーツを合わせて、普段の肉をよりジューシーな仕上がりに。見た目もおしゃれな印象になるので、おもてなしにもおすすめです。

OVEN 180℃ 30-40min

じっくり焼いたりんごの甘みが絶品です

豚肩ロースと りんごのロースト

材料（天板1枚分／4～6人分）
- 豚肩ロースかたまり肉…800g
- りんご…2個
- A
  - 溶かしバター…大さじ4
  - バルサミコ酢…大さじ3
  - しょうゆ…大さじ2
  - にんにく（みじん切り）…2かけ分
  - 砂糖…大さじ1
  - 塩・こしょう…各適量

トッピング
- イタリアンパセリ…適量

作り方
1. 豚肉は1cm幅に切る。りんごは皮をよく洗い、皮つきのまま8等分に切り、ヘタと種を取り除く。
2. ボウルに1、Aを入れてよく和え、クッキングシートを敷いた天板に豚肉が重ならないように並べる。
3. 180℃に予熱したオーブンで30～40分焼く。仕上げにイタリアンパセリを添える。

OVEN
180℃
25-30min

マスタードを加えて味にアクセントを
プラスして

鶏もも肉とレモンのクリーム焼き

材料（天板1枚分／4〜6人分）
鶏もも肉…3枚（700〜800g）
レモン（国産）…1個
塩・こしょう…各適量
A | 生クリーム…100ml
　 | にんにく（みじん切り）…2かけ分
　 | 粒マスタード…大さじ3
　 | 水切りヨーグルト（右参照）…50g

トッピング
クレソン…適量

作り方

1. 鶏肉は3等分に切り、2枚重ねにしたペーパータオルで包んで水けを取り、隠し包丁（P74）を入れ、塩、こしょうをしっかりなじませる。レモンは5mm幅の輪切りにする。

2. ボウルにA、1を入れてよく混ぜ、クッキングシートを敷いた天板に鶏肉の皮目を上にして並べ、残りのAをかけ、レモンを並べる。

3. 180℃に予熱したオーブンで25〜30分焼く。仕上げにクレソンを添える。

水きりヨーグルトの作り方
ボウルにザルをのせ、ペーパータオルを敷き、プレーンヨーグルトをのせ、冷蔵庫で半日ほどおく。

Column | 驚くほどやわらか、ジューシー！ 肉×フルーツの美味しいレシピ

OVEN
180°C
20-30 min

パイナップルの優しい酸味が口いっぱいに

牛もも肉と
パイナップルのロースト

材料（天板1枚分／4〜6人分）
牛ももステーキ用肉…800g
パイナップル…中½個
塩・こしょう…各適量
A │ オリーブオイル…大さじ3
　│ 塩・こしょう…各適量
　│ バルサミコ酢（半量に煮詰めたもの）
　│ …大さじ2

トッピング
ピンクペッパー・ミント…各適量

作り方

1 牛肉は食べやすい大きさに切り、塩、こしょうをしっかりなじませる。パイナップルは皮と芯を取り除き、縦8等分に切ってから、横半分に切る。

2 ボウルに1、Aを入れてよく和え、クッキングシートを敷いた天板に敷き詰める。

3 180℃に予熱したオーブンで20〜30分焼く。仕上げにピンクペッパー、刻んだミントを散らす。

OVEN
180℃
30-35min

さわやかなオレンジと甘いプルーンは相性抜群

鶏手羽元とオレンジとプルーンのロースト

材料（天板1枚分／4〜6人分）
鶏手羽元…1kg（10〜12本）
オレンジ…2個
ドライプルーン…12個
A
　溶かしバター…大さじ4
　はちみつ…大さじ1
　しょうゆ…大さじ2
　クミンシード…小さじ1
　塩・こしょう…各適量
　イタリアンパセリの茎
　　（みじん切り）…½パック分

トッピング
イタリアン
パセリの葉
…½パック

作り方

1 鶏肉は2枚重ねにしたペーパータオルで包んで水けを取り、裏側に一本切り目を入れる（P74）。オレンジは皮をむき、1cm幅の輪切りにする。ドライプルーンは指でつぶす。

2 ボウルに1、Aを入れ、よく混ぜ、クッキングシートを敷いた天板に鶏肉が重ならないように並べる。

3 180℃に予熱したオーブンで30〜35分焼く。仕上げにイタリアンパセリの葉を散らす。

Column

天板1枚で作る
オーブン料理を美味しく作るコツ①

天板1枚を使って作る料理には、とびきり美味しくなるコツがあります。まずは準備編です。しっかり押さえて、極上のオーブン料理を楽しみましょう！

コツ 1

クッキングシートは大きめサイズをセレクトする

使用する天板より大きいクッキングシートを用意しましょう。そして、天板よりも左右5cmぐらい大きく切って敷きます。小さいサイズだと2枚重ねで使うことになり、隙間から食材の汁や脂、調味料などが天板にこぼれてしまうため、大きめサイズで洗い物をラクに。連続で焼くときも、すぐに天板が使えて便利です。

コツ 2

オーブンはあらかじめ温めておく

予熱はオーブン料理の基本。レシピに表示されている加熱温度になるよう、あらかじめ温度のセットをし、庫内温度を均一にします。こうすることで焼きムラを防ぐ効果も。天板を入れるのは、予熱の最中ではなく、セットした温度に予熱が完了してからがルール。電気オーブンの予熱は約20℃高めに設定するのがコツ。

Part 2 Special Day

思わず歓声が上がる！
とっておきの日の
ごちそうおかず

たくさんのゲストが来る日こそ、天板でオーブン料理を作りましょう。人が来る日はただでさえ忙しいから、オーブンが大活躍。天板で作るオーブン料理なら、見栄えもするし、できたてをテーブルに運べば、思わず歓声が上がりそう。

天板いっぱいに
きれいに並べて
焼くだけでごちそう！

自宅にお友達を招いたり、大切な人が遊びに来るときのおもてなし料理は、準備が多く、キッチンにつきっきりになることも。大人数のときは特に大変です。そこでおすすめしたいのが、天板1枚で作るメインディッシュ。いつもより豪華でダイナミックな食材をふんだんに使って、天板に彩りよく食材を並べて焼くだけで、見栄えのする主役級の料理のでき上がり！ 焼いている間に、サブのおかずやおつまみ、デザートの準備をすると作業がスムーズです。テーブルに鍋敷きをおいて、焼き立てのままテーブルに出せば、思わず歓声が上がることでしょう。また、かたまり肉など、切り分けてそれぞれの取り皿にサーブするのも、エンターテインメントで楽しい時間です。

天板1枚で作る
並べて焼くだけで見た目が華やかになるコツ

① 赤、緑、黄、白、茶など使う食材の色を意識して

パッと華やぐ印象を与えるには、赤、緑、黄、白、茶など、食材の色を意識して、天板に並べること。メインの食材とのバランスを考えながら並べるのがコツ。

② 大きめの食材をダイナミックに使う

おもてなしのごちそうだからこそ、大きなかたまり肉や魚の切り身を使って、天板にのせるのも、華やかで豪華に見せるテクニックのひとつ。

③ 同じ色が重ならないようにまんべんなく並べる

彩りのよい食材をそろえても、同じ色同士が重なってしまうと、華やかさも半減します。なるべく偏らないように、まんべんなく彩りよく並べるのが最大のコツ。

Part 2 Special Day

とっておきの日のごちそう①

ごちそうパエリア

大きなえびとムール貝が入った豪勢なパエリア。アスパラガスの緑とパプリカの赤と黄で彩りよく、食欲をそそります。難しそうに見えるのに簡単に作れるのがうれしいところ。

OVEN
170℃
40-50min

材料（天板1枚分／4〜6人分）

- 鶏もも肉…1枚（約250g）
- いか…1杯
- 有頭えび…4尾
- ムール貝（あさりでも可）…12個
- ベーコン…80g
- グリーンアスパラガス…4本
- パプリカ（赤・黄）…各½個
- ライム（国産）…1個
- 米…2合
- **A**
  - 玉ねぎ（粗みじん切り）…¼個分
  - にんにく（みじん切り）…2かけ分
  - オリーブオイル…適量
- **B**
  - ブイヨン…1個
  - サフラン…ひとつまみ
  - 水…400㎖
- 塩・こしょう…各適量

トッピング

- イタリアンパセリ…適量

作り方

1 切る
米は洗い、**B**に浸けておく。鶏肉は2枚重ねにしたペーパータオルで包み、余分な水けを取り、ひと口大に切って身に隠し包丁を入れる（P74）。いかは内臓と軟骨を取り除いて胴は輪切りにし、ゲソは2等分に切る。えびは足を取り除き、殻の上から背わたを取る。ムール貝は殻を洗って、ひげを抜く。ベーコンは1cm幅に切る。アスパラガスは根元のかたい部分を取り除いて横半分に切り、パプリカは8等分に切る。ライムは半分に切る。

2 並べる
天板にクッキングシートを敷き、**A**と米が入った**B**を混ぜ合わせて天板に入れ、具材をきれいに並べる。上から塩、こしょうをふる。

3 焼く
170℃に予熱したオーブンで40〜50分焼く。仕上げにイタリアンパセリを添える。

POINT!

大きい具材をまんべんなく広げる

野菜も魚介に合わせて大きく切って、豪勢な雰囲気をアップ。焼きムラも防げるので、サイズをそろえることが、美味しく仕上げるポイントです。

骨つき鶏もも肉のカチャトーラ

Part 2 Special Day／とっておきの日のごちそう②

骨つきの鶏もも肉が目を引き、ボリュームたっぷりなので、テーブルの主役になること間違いなしのごちそうメニュー。お祝いごとや、記念日、クリスマスなどにもピッタリです。

OVEN 180℃ / 40-50min

材料（天板1枚分／4〜6人分）

- 骨つき鶏もも肉…3本（900g〜1kg）
- パプリカ（赤・黄）…各½個
- なす…1本
- ズッキーニ…1本
- ペコロス…8個
- イタリアントマト…10個
- にんにく…2かけ
- 塩・こしょう…各適量
- **A**
  - オリーブオイル…大さじ3
  - トマトペースト…大さじ3
  - 塩・こしょう…各適量
  - バジルの茎…2本分
  - セロリ（みじん切り）…½本分

トッピング
- バジルの葉…2本分

作り方

1 切る
鶏肉は2枚重ねにしたペーパータオルで包み、余分な水けを取り、塩、こしょうをしっかりとすり込む。パプリカは乱切り、なす、ズッキーニは輪切りにする。ペコロスは皮をむき、4つの輪切りにする。

2 並べる
ボウルにAを入れてよく混ぜ、1を加えて和える。クッキングシートを敷いた天板に入れ（POINT！参照）、イタリアントマト、にんにくをのせる。

3 焼く
180℃に予熱したオーブンで40〜50分焼く。仕上げにバジルの葉を散らす。

POINT!

最初に鶏肉を並べる

最初に鶏肉3本を重ならないように天板に並べてから、残りの具材を広げていくと、バランスよく盛りつけられます。仕上げに散らすバジルで彩りアップ。

Part 2 Special Day

とっておきの日のごちそう③

スペアリブと香味野菜と丸ごと玉ねぎのロースト

OVEN
180℃
30-40min

じっくりとオーブンで焼き上げた玉ねぎは、甘みが増し、とろとろの食感になります。
こんがり焼けたスペアリブにハーブが香る、オーブン料理ならではの一品です。

材料（天板1枚分／4〜6人分）

スペアリブ…1kg
玉ねぎ…3個
セロリの葉（みじん切り）
　…1本分
にんにく（みじん切り）
　…2かけ分
長ねぎ（みじん切り）
　…½本分
タイム…適量
ローズマリー…適量
A｜塩、こしょう…各適宜
　｜オリーブオイル
　　…大さじ2
　｜バルサミコ酢…大さじ2
　｜ナンプラー…大さじ1

作り方

1 準備する
スペアリブは室温に戻し、Aで下味をつける。セロリの葉、にんにく、長ねぎを絡め20〜30分おく。

2 並べる
天板にクッキングシートを敷き、1と皮つきのままの玉ねぎを並べ、タイム、ローズマリーをのせる。

3 焼く
180℃に予熱したオーブンで30〜40分焼く。

POINT!

玉ねぎは丸ごと焼く
玉ねぎを丸ごと、オーブンでそのまま焼き上げれば、やわらかくなり、甘みも凝縮されます。ざっくりと切り分け、とろっとした食感を楽しんで。

ラムチョップとサルサのクスクス

敷き詰めたクスクスに、ラムチョップのうまみを余すところなく染み込ませます。
骨つきラム肉を存分に使った、ラム好きにはたまらないメニューです。

OVEN
180℃
20-30min

Part 2 Special Day　とっておきの日のごちそう④

材料（天板1枚分／4〜6人分）

- ラムチョップ…8本
- クスクス（乾燥）…250g
- トマト（小）…4個
- 塩・こしょう…各適量
- クミンパウダー…大さじ1
- カルダモンパウダー…大さじ1
- オリーブオイル…大さじ3

【サルサソース】
- 青唐辛子（粗みじん切り）…1〜2本分
- 玉ねぎ（粗みじん切り）…¼個分
- パクチー（粗みじん切り）…2株分
- にんにく（みじん切り）…1かけ分
- ライムの搾り汁…2個分
- 塩・こしょう…各適量

作り方

1 準備する
クスクスは袋の表示通りに戻す。ラムチョップは塩、こしょうをしっかりとすり込み、クミンパウダー、カルダモンパウダー、オリーブオイルをなじませる。トマトは半分に切る。サルサソースの材料を混ぜ合わせる。

2 並べる
天板にクッキングシートを敷き、戻したクスクスを敷き詰め、ラムチョップ、トマトをのせる。

3 焼く
180℃に予熱したオーブンで20〜30分焼く。仕上げにサルサソースをかける。

POINT!

クスクスを最初に敷き詰める
クスクスを敷き詰めてから、ラムチョップとトマトを順にのせることで、クスクスがうまみをキャッチ。クスクスを最後まで美味しく食べられます。

Part 2 Special Day

とっておきの日のごちそう⑤

ノルウェーサーモンと緑の野菜の香草焼き

肉厚のサーモンをぜいたくに堪能でき、ディルの風味がよく合います。かたまりのサーモンはスーパーなどで売り場になくても、注文すると用意してくれることが多いですよ。

OVEN
180℃
20-30min

材料（天板1枚分／4～6人分）

- ノルウェーサーモン（かたまり）…800g
- グリーンアスパラガス…5本
- ズッキーニ…1本
- アボカド（かため）…1個
- そば米（炊いたもの）…2合分
- ディルの茎（みじん切り）…1パック分
- グレープフルーツ（国産）…½個
- A
  - にんにく（みじん切り）…1かけ分
  - バター…大さじ1
  - 塩・こしょう…各適量
- オリーブオイル…大さじ2
- 塩・こしょう…各適量

トッピング

- ディルの葉（みじん切り）…適量
- イタリアンパセリ（みじん切り）…適量

作り方

1 準備する
そば米は A で下味をつける。ノルウェーサーモンは塩、こしょうをしっかりとすり込み、オリーブオイル大さじ1、ディルの茎を絡める。アスパラガスは根元のかたい部分を取り除いて横半分に切り、ズッキーニは輪切りに、アボカドは皮と種を取り除き、縦4等分に切って乱切りにし、残りのオリーブオイル、塩、こしょうで和える。

2 並べる
天板にクッキングシートを敷き、そば米を敷き詰めた上に、サーモン、野菜、グレープフルーツをのせる。

3 焼く
180℃に予熱したオーブンで20～30分焼く。仕上げにディルの葉、イタリアンパセリを散らし、グレープフルーツを切って搾る。

POINT!

サーモンのうまみを逃さない

天板にそば米を敷き詰め、ノルウェーサーモンを真ん中におき、野菜、グレープフルーツを順にのせていきます。サーモンのうまみがそば米に染み込みます。

ドライフルーツのローストポークとザワークラウトのロースト

OVEN 120℃ 90min → 180℃ 15min

豚肉にプルーンとドライいちじくを巻き込んで焼くことで、豚肉がやわらかくなり、ほのかな甘みが広がります。ザワークラウトは市販のものを使えば簡単です。

材料（天板1枚分／4〜6人分）

- 豚肩ロースかたまり肉…800g
- プルーン（種なし）…8個
- ドライいちじく（大）…4個
- ザワークラウト（市販）…500g
- りんご…½個
- 干しぶどう…大さじ3
- 塩・こしょう…各適量
- ソース（右参照）…全量

トッピング
- クレソン…適量

作り方

1　準備する①
豚肉は厚さ1.5cmに開き、塩、こしょうをすり込む。プルーン、ドライいちじくを肉の上に散らし、ロール状に巻いて元の形に戻し、たこ糸を巻いてしっかりと縛る。全体に塩、こしょうをすり込む。

2　焼く①
天板にクッキングシートを敷いて中央に網をおき、1をのせ、120℃に予熱したオーブンで90分焼く。

3　準備する②
ザワークラウトは洗い、水けをしっかりと絞る。りんごはせん切りにする。ボウルに入れ、干しぶどうを加えて混ぜる。

4　焼く②
2が焼き上がったら、肉と網を取り出し、3に肉汁を加えて絡め、天板全体に広げる。肉を中央にのせ、180℃に予熱したオーブンで15分焼く。仕上げにクレソンをのせ、ソースを添える。

ソースの材料と作り方

小鍋に白ワインビネガー200mlを熱し、半量になるまで煮詰め、バター100g、塩小さじ1½、はちみつ大さじ1、こしょう適量を加え、とろみがつくまで煮詰める。

POINT!

豚肉をたこ糸で縛り、豚肉だけで一度焼く。
プルーンとドライいちじくを巻き込んだ豚肉は、崩れないようにたこ糸でしっかりと縛ります。

残りの具材と一緒に15分ほど焼く。
残りの具材を天板に敷き詰め、焼いた豚肉を中央にのせたら、もう一度オーブンで焼き上げます。

タルトフランベ

小麦粉を使った薄い生地に、チーズ、玉ねぎ、ベーコンをのせたフランスの伝統料理。
パリパリに焼き上がった生地は軽い食感で、止まらない美味しさです。

OVEN
250℃
10min

材料（天板1枚分／4〜6人分）

- フロマージュブラン（または水切りヨーグルト／P47）…150g
- 玉ねぎ…½個
- ベーコン（ブロック）…70g
- 塩・こしょう・ナツメグ…各適量

【タルト生地】
- ドライイースト…1g
- 塩…1.5g（1g強）
- 強力粉…50g
- 薄力粉…20g
- 全粒粉…30g
- ショートニング（またはマーガリン）…40g
- ぬるま湯（40℃くらい）…30〜40ml

作り方

1 準備する
ボウルにタルト生地の材料を全て入れ、粉っぽさがなくなるまで手でこね、30分ほど休ませる。ベーコンは粗みじん切りにし、玉ねぎは繊維に沿って薄切りにする。

2 並べる
タルト生地を薄くのばし、クッキングシートを敷いた天板にのせる。フロマージュブランを塗り、ベーコン、玉ねぎをのせ、塩、こしょう、ナツメグをふる。

3 焼く
250℃に予熱したオーブンで10分焼く。

POINT!

生地は薄くのばす
生地は薄くのばすことで、焼き上がりがパリッとした食感に。フロマージュブランを全体にまんべんなく塗り、玉ねぎとベーコンをバランスよくのせましょう。

焼いている間にもう一品。
和えるだけのおかず

オーブン料理は、焼いている間はオーブンにおまかせしておけばOK。
その間に和えるだけで完成する、簡単なおかずを紹介します。

塩けのある生ハムも、
レモンでさっぱりいただけます

スチームなすと生ハムのマリネ

材料（3〜4人分）
なす…3本
生ハム…6枚
A │ レモン汁…½個分
　│ 塩・こしょう…各適宜
　│ オリーブオイル…大さじ½
オリーブオイル・パセリ…各適量

作り方
1. なすはヘタを落として皮をむき、耐熱皿に並べ、ふんわりラップをする。電子レンジで3分加熱し、ひっくり返してさらに2分加熱し、そのまま粗熱をとる。
2. 1を縦半分に切ったら、横にして半分に切り、ボウルに入れ、Aで下味をつける。
3. 生ハムを縦半分に切り、1枚ずつ2に巻き、オリーブオイルをかけ、パセリを散らす。

栄養豊富な玄米が
プチプチした食感でアクセントに

玄米サラダ

材料（3〜4人分）
玄米（炊いたもの）…2カップ
厚切りハム…80g
きゅうり…1本
セロリ…¼個
玉ねぎ…⅛個
イタリアンパセリ…3本
A │ カッテージチーズ…大さじ3
　│ オリーブオイル…大さじ1
　│ レモン汁…1個分
塩・こしょう…各適量

作り方
1. ハム、きゅうりは7mm角に切り、セロリ、玉ねぎはみじん切りにする。イタリアンパセリはざく切りにする。
2. ボウルに1、玄米、Aを入れてよく和え、塩、こしょうで味をととのえる。

食べるラー油を使った
即席でできるバンバンジーです

きゅうりと鶏ハムの ピリ辛バンバンジー

材料（3〜4人分）
鶏ハム（市販）…1枚
きゅうり…1本
長ねぎ…½本
しょうが…1かけ
白すりごま…大さじ1
具入りラー油…大さじ3

作り方

1. 鶏ハムは薄切りにする。きゅうり、長ねぎは縦半分に切り、斜め薄切りにする。しょうがは細いせん切りにする。

2. ボウルに全ての材料を入れ、よく和える。

酢の酸味とセロリが入って、あっさりとした一品

チャーシューとセロリのサラダ

材料（3〜4人分）
チャーシュー（市販）…120g
セロリ…½本
長ねぎ…½本
A｜白いりごま…大さじ½
　｜ごま油…大さじ½
　｜酢…大さじ1
塩・こしょう…各適量

作り方

1. チャーシューは半分に切り、5mm幅に切る。セロリ、長ねぎは斜め切りにする。

2. ボウルに1、Aを入れて和え、塩、こしょうで味をととのえる。

Column

焼いている間にもう一品。和えるだけのおかず

ゆずこしょうとマヨネーズの味つけがよく合います

鶏ハムと薬味のサラダ

材料（3〜4人分）
鶏ハム（市販）…1枚
みょうが…1個
貝割れ菜…½パック
万能ねぎ…5本
しょうが…1かけ
ゆずこしょう…小さじ1
マヨネーズ…大さじ1

作り方
1 鶏ハムはほぐし、みょうがは縦半分に切ってせん切りにする。貝割れ菜は根元を切り落とし、万能ねぎは3cm幅に切る。しょうがは細いせん切りにする。

2 ボウルにゆずこしょう、マヨネーズを入れてよく混ぜ、1を加えてよく和える。

ライムを搾ってさっぱりいただける、ヘルシーなサラダ

鯛のセビーチェ

材料（3〜4人分）
鯛（刺身用）…1さく
玉ねぎ…½個
青唐辛子…1〜2本
パクチー…2株
オリーブオイル…大さじ1
ライムの搾り汁…1個分
塩…小さじ½〜1

作り方
1 鯛は軽く塩（分量外）をふり、冷蔵庫に30分ほどおいて余分な水けを取り、1cm角に切る。玉ねぎは薄切りにする。青唐辛子はみじん切り、パクチーはざく切りにする。

2 ボウルに全ての材料を入れ、和える。

市販のジェノベーゼソースで
簡単にひと手間加えた味に

ミックスビーンズと
ツナのサラダ

材料（3～4人分）
ミックスビーンズ…150g
ツナ…1缶（175g）
玉ねぎ…1/8個
セロリ…1/4個
ジェノベーゼソース（市販）
　…大さじ1
塩・こしょう…各適量

作り方

1. 玉ねぎは薄切りにし、水にさらして水けを絞る。セロリは薄切りにする。

2. ボウルにミックスビーンズ、汁けをきったツナ、1、ジェノベーゼソースを入れてよく混ぜ、塩、こしょうで味をととのえる。

ワインに合うおしゃれな前菜が完成

トマトとオイルサーディンの
バジルサラダ

材料（3～4人分）
オイルサーディン…1缶
トマト…小3個
にんにく…1/2かけ
バジル…適量
オリーブオイル…大さじ1/2
塩・こしょう…各適量

作り方

1. トマトは半分に切って乱切りにし、にんにくはみじん切りにする。

2. ボウルに1、オリーブオイル、汁けをきったオイルサーディン、バジルを入れて和え、塩、こしょうで味をととのえる。

Column

焼いている間にもう一品。和えるだけのおかず

はちみつを加えて少しだけ甘く仕上げます
キャロットラペ

材料（3〜4人分）
にんじん…2本
グレープフルーツ…1個
クミンシード…小さじ1
はちみつ…大さじ1
オリーブオイル
　…大さじ1
塩・こしょう…各適量

作り方
1　にんじんは皮をむき、スライサーで細いせん切りにする。塩小さじ½（分量外）をふってよく和え、しんなりしたら水けをしっかりと絞る。
2　グレープフルーツは房取りし、果汁を搾る。
3　ボウルに1、クミンシード、2の果肉と果汁、はちみつ、オリーブオイルを入れて和え、塩、こしょうで味をととのえる。

ヨーグルトの酸味でさわやかにいただけます
ゆで卵とアボカドのヨーグルトサラダ

材料（3〜4人分）
ゆで卵…2個
アボカド…1個
玉ねぎ…¼個
水切りヨーグルト（P47）
　…大さじ2
マヨネーズ…大さじ2
塩・こしょう…各適量

作り方
1　ゆで卵は8等分に切る。アボガドは皮をむき、縦4等分に切って乱切りにする。玉ねぎは薄切りにし、5分ほど水にさらして水けを絞る。
2　ボウルにヨーグルト、マヨネーズを入れてよく混ぜ、1を加えて和え、塩、こしょうで味をととのえる。

マスタード風味が後を引く美味しさ

じゃがいもといんげんのマリネ

材料（3〜4人分）
じゃがいも…2個
さやいんげん…10本
A｜粒マスタード…大さじ½
　｜オリーブオイル…大さじ1
　｜塩…小さじ½
　｜酢…大さじ1½
　｜はちみつ…大さじ1
　｜こしょう…適量

作り方
1 じゃがいもは皮をむき、スライサーで細いせん切りにする。さやいんげんは斜め薄切りにする。
2 1をさっと湯通しし、水けをきる。
3 ボウルにAを入れてよく混ぜ、2を加え、和える。

味つけは塩と酢だけ。素材の味が引き立ちます

ミニトマトとオレンジのサラダ

材料（3〜4人分）
ミニトマト（黄・赤）
　…各7個
オレンジ…1個
玉ねぎ…¼個
ルッコラ（ざく切り）
　…3株分
塩…小さじ½
酢…大さじ1

作り方
1 ミニトマトは半分に切り、玉ねぎは薄切りにする。オレンジは房取りし、果汁を搾る。
2 ルッコラはざく切りにする。
3 ボウルに1、塩、酢を加えてよく和え、2を加えて混ぜる。

天板1枚で作る オーブン料理を美味しく作るコツ②

オーブンで肉をローストするときに重要なのが下ごしらえ。特に野菜と肉を一緒に焼くときは、ちょっとしたコツが必要です。ポイントを押さえましょう。

コツ 3

肉は隠し包丁を入れる

肉と野菜を一緒に焼くときは、火の通りを均一にするために、隠し包丁を入れます。また、骨つき鶏もも肉や手羽先、スペアリブなどの骨つき肉にも、隠し包丁は欠かさずに。骨の両側の際に包丁で切り目を入れると、生焼けを防ぎ、中まで火をしっかり通すだけでなく、ほぐしやすくなるうえ、味がよく染み込みます。

コツ 4

焼く前に水けをしっかり拭き取る

食材の水分を蒸発させ、その水蒸気でしっかりと火を通すオーブン加熱は、焼いている間に水分が出てくるのも一つの特徴。表面をカリカリ、中をしっとりとした状態に仕上げるには、肉や魚介、野菜の水けをしっかり取ることが最大のコツ。また、調味料の水分も極力減らして水分が出るのを防ぐことも大切。

Part

3

Gratin &
Doria

アツアツ！
グラタン&ドリア

グラタン皿のような耐熱容器がなくても、天板1枚あれば、とろーりチーズとソースがたまらない、大きなグラタンとドリアができ上がります。本格的なグラタンから、生クリームやミートソース缶などで作る簡単なレシピまで、幅広く紹介します。

耐熱容器がなくても天板1枚でたっぷり作れるアツアツグラタン&ドリア

グラタン皿をそれぞれにそろえて、オーブンで焼くのもいいけれど、天板1枚にソースを絡めた具材を敷き詰めてチーズをたっぷりのせ、オーブンでこんがり焼くのも手軽でおすすめです。洗い物も少なくて済みますし、みんなで取り分けて食べるスタイルなので、会話も弾んで楽しいひと時を過ごせるはず。グラタンの要でもあるホワイトソースは電子レンジで作れば簡単ですが、それでも面倒な人は市販のホワイトソース缶でももちろんOK。生クリームやサワークリームをかけるだけ、ミートソース缶、デミグラスソース缶などを活用して、手軽に作れるグラタン&ドリアにぜひ、挑戦してみてください。天板を囲んでシェアしながらアツアツな美味しさを味わいましょう。

天板1枚で作るグラタン・ドリアがみんなに喜ばれる理由

① 焼きたてのアツアツをみんなでシェアできる

天板1枚で焼き上げたグラタンは、見た目のインパクトも大きいけれど、アツアツをみんなでシェアできるのが醍醐味です。取り皿を持ち寄って好きなだけ食べられます。

② 具にソースを絡めてチーズをかけて焼くだけ

準備をした具材にホワイトソースや生クリームなどのソースを絡めて、天板の上に並べ、チーズをたっぷりのせて焼くだけ。濃厚なグラタン&ドリアの完成です。

③ 年末年始などの人が集まるときに便利！

クリスマスやお正月など人が集まる機会の多い年末年始。冬の寒い時期だからこそ、アツアツのグラタンやドリアを天板1枚で焼いてテーブルへ。

Part 3 Gratin & Doria グラタン①

洋食屋さんのグラタン

鶏肉とえびとほたてが入った、ごほうびみたいなグラタンです。
やわらかいマカロニがホワイトソースとよく合い、子供から大人まで幸せな気持ちに。

OVEN
180℃
30-40min

材料（天板1枚分／4〜6人分）
鶏もも肉…1枚（約250g）
えび…10尾
ほたて貝柱…8枚
玉ねぎ…1個
マカロニ（乾燥）…200g
バター…大さじ1
塩・こしょう…各適量
シュレッドチーズ…大さじ4
パン粉…大さじ2
ホワイトソース（右参照）
　…全量

トッピング
パセリ（みじん切り）…適量

作り方

1 準備する
マカロニは熱湯に30分浸し、バター、塩、こしょうで下味をつける。玉ねぎは薄切りにする。鶏肉は2枚重ねにしたペーパータオルで包み、余分な水けを拭き、隠し包丁を入れ（P74）、ひと口大に切る。えびは殻をむき、尾と背わたを取り除き、片栗粉（分量外）でもみ洗いし、ペーパータオルで包んで水けを拭く。

2 並べる
天板にクッキングシートを敷き、マカロニ、玉ねぎ、鶏肉、ほたて、えびをのせ、ホワイトソースをかけ、チーズ、パン粉をかける。

3 焼く
180℃に予熱したオーブンで30〜40分焼く。仕上げにパセリを散らす。

ホワイトソースの材料と作り方

大きめの耐熱ボウルにバター60gと生クリーム100mlを入れてふんわりとラップをし、電子レンジで1分〜1分30秒加熱し、小麦粉50gを加えて泡立て器でよく混ぜる。なめらかに混ざったら、牛乳500mlを3回に分けてよく混ぜ、さらに3分加熱する。一度取り出してよく混ぜ、さらに3分加熱し、取り出してよく混ぜ合わせる。

POINT!

同じ食材がかたまらないように並べる

のせる食材が多いので、まんべんなく広げてから焼きましょう。どこを食べてもいろいろな具材を楽しめます。

Part 3 | Gratin & Doria | グラタン②

じゃがいもと牡蠣のグラタン

にんにく、生クリーム、塩で作ったシンプルなソースで、手軽に作れるグラタンです。
牡蠣のうまみがソースに染み込んで、薄切りのじゃがいもを美味しくいただけます。

OVEN
180℃
40-50min

材料（天板1枚分／4～6人分）

じゃがいも…5個
蒸し牡蠣…15個
A | にんにく（すりおろし）…3かけ分
　 | 生クリーム…400ml
　 | 塩…小さじ1

トッピング
粗びき黒こしょう…適量
パセリ（みじん切り）…少々

作り方

1 切る
じゃがいもは皮をむき、1～2mmの薄切りにする。ボウルにAを入れ、よく混ぜる。

2 並べる
天板にクッキングシートを敷き、じゃがいもを敷き詰めて牡蠣をのせ、Aをかける。

3 焼く
180℃に予熱したオーブンで40～50分焼く。仕上げに粗びき黒こしょうをふり、パセリを散らす。

POINT!

薄切りじゃがいもを敷き詰める

じゃがいもは薄切にすることで、牡蠣のプリッとした食感をじゃまませずにいただけます。じゃがいもに火が通りやすく、ソースが染み込んで美味しいです。

ムサカ

薄切りにしたなすやじゃがいもに、ひき肉入りのソース、チーズをかけて
オーブンで焼いたギリシャ料理。野菜をたっぷり食べられます。

OVEN
170°C
40-50 min

材料

なす…2本
じゃがいも…2個
にんにく…3かけ
A ┃ ミートソース
  ┃   …2缶（1缶295g）
  ┃ プレーンヨーグルト
  ┃   …250g
  ┃ 生クリーム…100㎖
シュレッドチーズ…大さじ3

作り方

1 切る
なすはヘタを落とし、縦に薄切りにする。じゃがいもは皮をむき、薄切りにする。にんにくは薄切りにする。ボウルにAを入れ、よく混ぜる。

2 並べる
天板にクッキングシートを敷き、なす、じゃがいもの順に交互に重ね、にんにくを散らす。Aを回しかけ、チーズをかける。

3 焼く
170℃に予熱したオーブンで40〜50分焼く。

POINT!

野菜の厚みは均一に

なす、じゃがいもは厚みをそろえて切ったら、それぞれ1列ずつ交互に重ねることで均一に火が通りやすくなります。

えびとマッシュルームのオーロラドリア

トマトソースと生クリームを合わせたソースが、プリプリのえびにマッチします。
ディルをたっぷりのせて、香りも楽しみながら召し上がれ。

OVEN
180℃
20-30min

材料（天板1枚分／4～6人分）

えび…20尾
マッシュルーム…10個
ご飯…1合分
A ┃ トマトソース（市販）
　　　…1缶
　　　セロリ（みじん切り）
　　　…1本分
　　　生クリーム…100ml
　　　塩・こしょう…各適量
シュレッドチーズ…大さじ4

トッピング
ディルの葉…適量

作り方

1 準備する
えびは殻をむき、尾と背わたを取り除き、片栗粉（分量外）でもみ洗いし、ペーパータオルで水けを拭く。マッシュルームは5mm幅に切る。ボウルに**A**を入れ、よく混ぜる。

2 並べる
天板にクッキングシートを敷き、ご飯を広げ、チーズの半量をかける。えび、マッシュルームをのせ、**A**を回しかけ、残りのチーズをかける。

3 焼く
180℃に予熱したオーブンで20～30分焼く。仕上げにディルの葉を散らす。

POINT!

チーズは分けてかける
チーズはえびとマッシュルームをのせる前と後に半量ずつかけましょう。表面はこんがり、中でとろっととろけたチーズが美味しいです。

白身魚のドリア

白身魚に合わせる具材は長ねぎとカリフラワー。ソースとパン粉をかけて
オーブンで焼き上げれば、クリーム色の表面に美味しそうな焼き色が際立ちます。

OVEN
180℃
20-30min

材料（天板1枚分／4～6人分）

白身魚（切り身）…4切れ
長ねぎ…1本
カリフラワー…½個
ご飯…1合分
A | 生クリーム…100㎖
　| サワークリーム…200㎖
　| 牛乳…200㎖
ピザ用チーズ
　…70ｇ
パン粉…大さじ2
塩・こしょう…各適量

作り方

1 切る
白身魚はひと口大に切り、湯通しする。長ねぎは斜め薄切りにし、カリフラワーは5㎜幅に縦に切る。ボウルにAを入れ、混ぜ合わせる。

2 並べる
天板にクッキングシートを敷き、ご飯を広げ、チーズの半量をかける。長ねぎ、カリフラワー、白身魚の順にのせ、塩、こしょうをしっかりとふり、Aを全体にかけ、残りのチーズ、パン粉をかける。

3 焼く
180℃に予熱したオーブンで20～30分焼く。

POINT!

具材は火が通りやすいものからのせる

白身魚は湯通ししてから使うことで、生ぐささを取り除けます。火が通りやすい、長ねぎ、カリフラワー、白身魚の順にのせるのがコツです。

デミグラのクリームドリア

デミグラスソースと生クリームの濃厚なソースに牛肉を混ぜた、ボリューム満点のドリアです。ご飯にソースを絡めながらいただきます。

≡ OVEN ≡
180℃
30min

材料（天板1枚分／4〜6人分）

牛切り落とし肉…250g
玉ねぎ…½個
ご飯…1合分
パセリ（みじん切り）…大さじ1
バター…大さじ1
デミグラスソース…1缶
生クリーム…100㎖
ピザ用チーズ…大さじ4
塩・こしょう…各少々

トッピング

パセリ（みじん切り）…適量

作り方

1 準備する
ご飯にバター、パセリを混ぜる。玉ねぎは5mm幅のくし形切りにする。牛肉はひと口大に切り、塩、こしょうで下味をつける。ボウルにデミグラスソース、生クリーム、玉ねぎ、牛肉を入れよく混ぜる。

2 並べる
天板にクッキングシートを敷き、ご飯を広げ、チーズの半量をかける。残りの**1**のボウルの中身を回しかけ、残りのチーズをかける。

3 焼く
180℃に予熱したオーブンで30分焼く。仕上げにパセリを散らす。

POINT!

ご飯にはバターとパセリを混ぜる

しっかりと味が絡んだ具材の下には、あらかじめバターと刻んだパセリを混ぜたご飯を広げます。具材とご飯にまとまりがでて、美味しいです。

包んでおいしい
スチーム焼きレシピ

クッキングシートを長めに切り、上からかぶせて包むだけで、オーブンでも蒸し料理が簡単に楽しめます。食材のうまみを閉じ込めて、ふっくら美味しい仕上がりに。

OVEN
180°C
30min

白身魚を1尾使って贅沢に
なければ切り身魚にしても

アクアパッツァ

材料（天板1枚分／4〜6人分）
- 白身魚…1尾
- あさり…150g
- ミニトマト…14個
- グリーンオリーブ…20個
- セロリ…1本
- 玉ねぎ…½個
- にんにく…2かけ
- レモン（国産）…1個
- ローズマリー・タイム…各適量
- イタリアンパセリ…適量
- 塩・こしょう…各適量
- オリーブオイル…大さじ3

作り方

1 準備する
白身魚はうろこと内臓を取り除き、ペーパータオルで包んで余分な水けを拭き、腹にローズマリー、タイムを詰める。あさりは砂抜きする。セロリ、玉ねぎ、にんにくは薄切りにし、レモンは半分に切る。

2 並べる
天板の2倍くらいの長さに切ったクッキングシートを天板に敷き、クッキングシートの半面に玉ねぎ、セロリを広げ、白身魚、あさり、ミニトマト、オリーブ、にんにく、レモン、ローズマリー、タイムを彩りよくのせる。塩、こしょう、オリーブオイルをかける。

3 包んで焼く
クッキングシートを上から包むようにたたんで周りをホチキスで留め、180°Cに予熱したオーブンで30分焼く。仕上げにイタリアンパセリをのせる。

BEFORE

OVEN
180℃
20min

ふっくら蒸された白身魚のうまみが
口の中で優しく広がります

白身魚の香草蒸し

材料（天板1枚分／4〜6人分）
白身魚（切り身）…4切れ
長ねぎ…2本
パクチー…3株
紹興酒…大さじ2
塩・こしょう・片栗粉…各適量
しょうゆ…大さじ1
ごま油…大さじ2

作り方

1 準備する
白身魚はペーパータオルで包み、余分な水けを拭き、塩、こしょう、片栗粉をまぶす。長ねぎは斜め薄切りにし、パクチーは葉を摘み、茎は細かく切る。

2 並べる
天板の2倍くらいの長さに切ったクッキングシートを天板に敷き、クッキングシートの半面に長ねぎを広げ、白身魚をのせる。紹興酒を回しかけ、パクチーの茎を散らす。

3 包んで焼く
クッキングシートを上から包むようにたたんで周りをホチキスで留め、180℃に予熱したオーブンで20分焼く。仕上げにしょうゆ、熱したごま油を順に回しかけ、パクチーの葉を添える。

BEFORE

Column

包んでおいしい スチーム焼きレシピ

OVEN
180℃
40min

カレー味の鶏肉に、甘いかぼちゃを組み合わせて

鶏肉と野菜のエスニック蒸し

材料（天板1枚分／4〜6人分）
- 鶏もも肉…2枚（約500g）
- かぼちゃ…1/8個
- 紫玉ねぎ…1/2個
- ひよこ豆…100g
- 生クリーム…100mℓ
- カレー粉…大さじ1
- 塩・こしょう…各適量

作り方

1 準備する
鶏肉は2枚重ねにしたペーパータオルで包み、余分な水けを取り、3等分に切って隠し包丁（P74）を入れカレー粉、塩、こしょうをふってなじませ、生クリームを絡める。かぼちゃは7mm幅に切り、紫玉ねぎは薄切りにする。

2 並べる
天板の2倍くらいの長さに切ったクッキングシートを天板に敷き、クッキングシートの半面にかぼちゃ、ひよこ豆、鶏肉、紫玉ねぎの順にのせる。

3 包んで焼く
クッキングシートを上から包むようにたたんで周りをホチキスで留め、180℃に予熱したオーブンで40分焼く。

BEFORE

092
093

OVEN 180℃ 30min

うまみがたっぷり染み出ているから
煮汁も残さずいただけます

豚とあさりのトマト蒸し

材料（天板1枚分／4〜6人分）
豚バラ薄切り肉…300g
あさり…150g
トマト…小3個
にんにく…2かけ
白ワイン…100ml
塩・こしょう…各適量
バター…15g

トッピング
万能ねぎ（小口切り）…5本分

作り方

1 準備する
豚肉は5cm幅に切り、白ワイン大さじ2（分量外）、塩、こしょうで下味をつける。あさりは砂抜きをする。トマトは乱切りにし、にんにくは薄切りにする。

2 並べる
天板の2倍くらいの長さに切ったクッキングシートを天板に敷き、クッキングシートの半面に1をのせ、白ワインを回しかける。塩、こしょうをふり、小さく切ったバターをバランスよくのせる。

3 包んで焼く
クッキングシートを上から包むようにたたんで周りをホチキスで留め、180℃に予熱したオーブンで30分焼く。仕上げに万能ねぎを散らす。

BEFORE

天板1枚で作る
オーブン料理を美味しく作るコツ③

天板1枚でオーブン加熱する際に、覚えておきたいのが食材の焼きムラをなくすテクニック。特に野菜は大きさや組み合わせにコツがあるので、しっかり覚えましょう。

コツ 5

同じ食材は大きさをそろえる

同じ具材の大きさがバラバラだと、小さいものはすぐに焦げたり、大きいものは固いままなど、焼きムラの原因に。同じ具材は大きさをそろえて切るのが鉄則です。同じぐらいのかたさの食材も、なるべく同じぐらいの大きさに切ることで、均等に火が通ります。少し間隔を空けて並べることも、焼きムラを防ぎます。

コツ 6

野菜は火の通りが同じものを組み合わせる

種類の違う野菜を一緒に焼くときは、火の通りが同じ野菜を組み合わせるのがコツ。例えば、いも類、にんじん、ごぼう、れんこんなどは火の通る時間が同じ、パプリカ、ズッキーニ、きのこ、トマトも同様です。これらのように火の通りが同じ食材を組み合わせれば、焼きムラを防ぎ、美味しく仕上がります。

Part

4

Pizza & Focaccia

サクサク！　ふわふわ！
粉ものレシピ

オーブン料理といえば、ピッツァやフォカッチャなどの粉ものも外せません。まずは、生地作りの基本をマスターしましょう。あとは生地を天板に合わせて成形し、具材をトッピングして焼くだけ。焼きたてはアツアツ、ふわふわです。

Part 4 Pizza & Focaccia

ピッツァ生地の作り方

材料(天板1枚分／4〜6人分)

A | 強力粉…140g
　 | 薄力粉…60g
　 | ドライイースト…3g
　 | 砂糖…6g
　 | 塩…4g
水…130〜140㎖
オリーブオイル…大さじ1

作り方

1 ボウルにAを上から順に入れてよく混ぜる。水半量を加えて混ぜる。様子を見ながら残りの水を加えて混ぜる。粉っぽさがなくなったらオリーブオイルを加え、さらに10〜15分手でこねる。

2 ボウルにオリーブオイル適量(分量外)を塗り、1を丸めて入れる。ラップをし、30度くらいの暖かい場所に40分おいて発酵させる。

3 2の生地を台に取り出し、打ち粉をしながら四角く伸ばし、クッキングシートを敷いた天板にのせる。

フォカッチャ生地の作り方

材料（天板1枚分／4〜6人分）

A | 強力粉…350g
　| 薄力粉…150g
　| ドライイースト…10g
　| 砂糖…9g
　| 塩…9g
水…330mℓ
オリーブオイル…大さじ1

作り方

1 ボウルにAを入れてよく混ぜる。水半量を加え混ぜる。様子を見ながら残りの水を加えて混ぜる。粉っぽさがなくなったらオリーブオイルを加えてさらに混ぜ、台に出して15〜20分手でこねる。

2 ボウルにオリーブオイル適量（分量外）を塗り、1を丸めて入れる。ラップをし、30度くらいの暖かい場所に20分おいて発酵させる。

3 2の生地を台に取り出し、天板よりひと回り小さい大きさに四角く伸ばしてクッキングシートを敷いた天板にのせ、35度くらいの暖かい場所に30〜40分おいて発酵させる。

Part 4 Pizza & Focaccia｜ピッツァ①

ビスマルク

トマトベースのソースに玉ねぎとベーコン、チーズをのせ、中央に卵を落とせば、定番のピッツァが完成。とろりととろけるモッツァレラチーズがたまりません。

OVEN
190℃
10-15min

材料（天板1枚分／4〜6人分）

玉ねぎ…½個
ベーコン…80g
卵…1個
モッツァレラチーズ…1袋
トマトソース（市販）…80g
オリーブオイル
　…大さじ1〜2
ピッツァ生地（P96）…全量

トッピング
バジルの葉…適量

作り方

1 切る
玉ねぎはごく薄切りにし、ベーコンは2cm幅に切る。モッツァレラチーズは薄切りにする。

2 並べる
ピッツァ生地にオリーブオイル、トマトソースを順に塗り、玉ねぎ、ベーコン、モッツァレラチーズを順にのせ、中央に卵を落とす。

3 焼く
190℃に予熱したオーブンで10〜15分焼く。仕上げにバジルの葉をのせる。

POINT!

みみまで美味しく食べるには
生地の全面にオリーブオイル、トマトソースを均一に塗ったら、同じ具材が重ならないように並べて。生地の端までまんべんなくのせるのがおすすめ。

じゃがいもとアンチョビ、ローズマリーのピッツァ

アンチョビで味がほぼ決まるから、味つけはシンプルに。
ローズマリーの風味が広がり、ワインなどに合わせていただくのもおすすめです。

OVEN
180℃
10-15min

材料（天板1枚分／4〜6人分）
じゃがいも…1個
アンチョビ…5枚
ローズマリー…1枝
ピッツァ用チーズ…大さじ2
オリーブオイル…大さじ1
ピッツァ生地（P96）…全量

作り方

1 切る
じゃがいもはスライサーでごく薄切りにし、アンチョビは手でちぎる。ボウルにじゃがいも、アンチョビ、オリーブオイルを入れて和える。

2 並べる
ピッツァ生地に1を並べ、チーズを薄く広げ、ちぎったローズマリーを散らす。

3 焼く
180℃に予熱したオーブンで10〜15分焼く。

POINT!

素材の味を生かして楽しむ
簡単な味つけと薄くのせたチーズで、ピッツァ生地と具材、それぞれの味を楽しめるピッツァです。じゃがいもは、まんべんなく全体に広げましょう。

クアトロフォルマッジョ

具材は4種類のチーズのみで、チーズを存分に楽しめるピッツァ。
粗びき黒こしょうをしっかりとふると美味しいです。

OVEN

190℃

15min

材料（天板1枚分／4～6人分）

モッツァレラチーズ…1袋
ゴルゴンゾーラチーズ…30g
リコッタチーズ…30g
グリエールチーズ…30g
粗びき黒こしょう…適量
オリーブオイル
　…大さじ1～2
ピッツァ生地（P96）…全量

作り方

1 切る
チーズは適当な大きさに切る。

2 並べる
ピッツァ生地にオリーブオイルを塗り、チーズをバランスよく広げてのせ、粗びき黒こしょうをしっかりとふる。

3 焼く
190℃に予熱したオーブンで15分ほど焼く。

POINT!

チーズをまんべんなく広げる

4種類のチーズがそれぞれ全体に広がるように、バランスを見ながらのせるのがコツ。違う種類のチーズがとろけ合い、絶妙な味わいになります。

野菜たっぷりフォカッチャ

色鮮やかな野菜を全面に敷き詰めた、ボリューム感のあるフォカッチャです。
見栄えもするので、おもてなしなどにも喜ばれます。

OVEN
200℃
20min

材料（天板1枚分／4〜6人分）

ズッキーニ…1本
パプリカ（赤・黄）…各½個
かぼちゃ…1/12個（150g）
ベーコン…80g
ローズマリーの葉…1枝分
岩塩…適量
オリーブオイル…50〜80mℓ
フォカッチャ生地（P97）
　…全量

作り方

1 切る
ズッキーニは5mm幅の輪切りにし、パプリカは縦に1cm幅に切る。かぼちゃは2mm幅に切る。ベーコンは7mm幅に切る。

2 並べる
フォカッチャ生地に1を彩りよく並べ、オリーブオイルをかけ、ローズマリーの葉を散らし、岩塩をふる。

3 焼く
200℃に予熱したオーブンで20分ほど焼く。

POINT!

彩りよく野菜をのせる
たっぷりの野菜は、同じ野菜が1カ所にかたまらないように広げましょう。なるべく、向きをそろえるようにしながら、重ならないように並べるときれいです。

セミドライトマトとローズマリーのフォカッチャ

ふっくらとした生地に、セミドライトマトとブラックオリーブを入れ込んだ、シンプルなフォカッチャ。
優しい岩塩の塩けとローズマリーの風味で、さまざまな料理によく合います。

OVEN
200℃
20min

材料（天板1枚分／4～6人分）

セミドライトマト…3個
ブラックオリーブ…3個
ローズマリーの葉…1枝分
岩塩…適量
オリーブオイル…50～80㎖
フォカッチャ生地（P97）
　…全量

作り方

1 切る
セミドライトマトは3等分に切り、ブラックオリーブは3等分の輪切りにする。

2 並べる
フォカッチャ生地にオリーブオイルをかけ、均一に9カ所穴を開け、穴に1を入れ込み、岩塩をふる。ローズマリーの葉を散らす。

3 焼く
200℃に予熱したオーブンで20分ほど焼く。

POINT!

生地にオリーブオイルをかける
オリーブオイルは生地全体に、上からまんべんなくかけましょう。

指で9カ所穴を開ける
生地に人差し指をさし込んで、縦と横に、各3カ所ずつの9カ所に穴を開けます。

トマトとオリーブを入れる
穴に輪切りにしたトマトとオリーブを1枚ずつ入れ、指で少し押し込みます。

ローズマリーを全体に散らす
岩塩を全体にふったら、ローズマリーをバランスよく散らします。

Column

深い容器でじっくりコトコト、スープレシピ

下ごしらえした具材を耐熱容器に入れて、オーブンで加熱するだけで、時間をかけて煮込んだような、美味しいスープのでき上がり。体がぽかぽか温まります。

深い容器でじっくりコトコト、スープレシピ

OVEN
200℃
20-25min

炒め玉ねぎの甘みが際立つスープ

オニオングラタンスープ

材料（3〜4人分）
炒め玉ねぎ（市販）…1袋（150g）
バゲット（スライス）…6枚
ピッツァ用チーズ（細め）
　…大さじ3
A｜ブイヨン…1個
　｜熱湯…500㎖
塩・こしょう…各適量

トッピング
パセリ（みじん切り）…適量

作り方

1 耐熱容器に炒め玉ねぎ、Aを入れて混ぜ、バゲットを並べて入れ、チーズをかける。

2 200℃に予熱したオーブンで20〜25分焼く。仕上げにパセリを散らす。

=OVEN=
180℃
40-50min

肉を詰めた玉ねぎに
うまみが染み込みます

丸ごと玉ねぎの
肉詰めスープ

材料（4人分）
豚バラ薄切り肉…100g
玉ねぎ…小2個
しょうが…1かけ
A｜片栗粉…大さじ½
　｜しょうゆ…小さじ1
　｜塩・こしょう…各適量
酒…100㎖
熱湯…600〜700㎖
塩…適量

作り方

1. 豚肉は5㎜幅に切る。玉ねぎは半分に切り、底を残してくり抜き、抜いた玉ねぎは粗みじん切りにする。しょうがはみじん切りにする。

2. ボウルに豚肉、玉ねぎの粗みじん切り、しょうが、Aを入れて混ぜ、くり抜いた玉ねぎに詰める。

3. 耐熱容器に2、酒、熱湯、塩を入れて蓋をし、180℃に予熱したオーブンで40〜50分焼く。

Column

深い容器でじっくりコトコト、スープレシピ

OVEN
180℃
20-30min

野菜、ベーコン、押し麦が入って満足感のあるスープです
焼きミネストローネ

材料（3〜4人分）
ベーコン…80g
トマト…1個
にんじん…½本
キャベツ…1枚
玉ねぎ…¼個
セロリ…½本
じゃがいも…1個
押し麦…大さじ2
A｜コンソメスープの素
　　（固形）…1個
　　熱湯…600〜700㎖
塩・粗びき黒こしょう
　…各適量

作り方

1 ベーコンは5㎜幅に切る。野菜は全て1㎝角に切る。

2 耐熱容器に1、A、押し麦を入れてふたをし、180℃に予熱したオーブンで20〜30分焼く。仕上げに塩、こしょうで味をととのえる。

OVEN
180℃
30min

淡白な冬瓜に塩味が優しいスープです
冬瓜と鶏手羽中のスープ

材料（3〜4人分）
鶏手羽中…6本
冬瓜…1/8個
長ねぎ…1本
しょうが（薄切り）…2枚
A ｜ 塩…小さじ1/2〜1
　｜ 酒…100mℓ
　｜ 熱湯…600〜700mℓ
塩・粗びき黒こしょう
　…各適量

作り方
1. 鶏肉は2枚重ねにしたペーパータオルで包み、余分な水けを拭き、塩、こしょう（分量外）をしっかりなじませる。冬瓜は皮を薄くむき、2cm角に切り、長ねぎは2cm幅に切る。
2. 耐熱容器に1、しょうが、Aを入れてふたをし、180℃に予熱したオーブンで30分焼き、塩、粗びき黒こしょうで味をととのえる。

天板1枚で作る オーブン料理を美味しく作るコツ④

天板にのせて焼くだけのオーブン料理だからこそ、押さえておきたいポイント。焼きムラだけでなく味ムラも防ぐ、とっておきの秘訣を覚えましょう。

コツ 7

下味と油を具材に絡める

食材を切るなどの、下処理が終わったら、一度ボウルに入れ、下味と油を加えて全体をまんべんなく混ぜ合わせるのがポイント。具材を天板に重ならないように並べ、オーブンで加熱すれば、均一に火を通すことができるうえ、どこを食べても同じ味に仕上がります。混ぜ合わせる作業を省くと、焼きムラ、味ムラの原因に。

コツ 8

余ったら粗熱をとってから保存を

天板で焼き上げた料理は、量が多めなので食べきれないことも。そんなときは一度天板から外して粗熱をとり、保存袋に入れてそのまま冷蔵庫へ。その際はクッキングシートごと移動させることができるからラクチンです。また、冷凍保存もできるので、小分けにして冷凍しておけば、いざというときに便利です。

Part

5

Sweets

おみやげ、
プレゼントにも♪
型いらずの簡単スイーツ

天板1枚さえあれば、型がなくてもお菓子作りが楽しめます。クッキングシートを敷いてその上にお菓子の生地を流し込んで焼くだけ。あとは粗熱をとって食べやすい大きさにカットすれば完成です。ラッピングをかわいくすれば、プレゼントにも。

Part 5

Sweets

天板１枚で作るスイーツは
まとめて作って
プレゼントや記念日に。

自宅でのパーティーやおもてなしのデザート作りは、頭を悩ますことが多いもの。ゲストの人数が多いほど、面倒になるのでは。そこでおすすめなのが、天板１枚で作るスイーツ。天板にクッキングシートを敷き、そこへ生地を流し込んでそのまま焼くだけだから簡単。あとは人数分に切り分けてお皿にのせるだけ。フレンチトーストなら、並べて焼くだけだからもっと手軽です。焼き菓子は、おみやげやプレゼント用にラッピングしてあげても◎。また、おすすめしたいのが、天板１枚で作るスポンジケーキ。くるくる巻いてロールケーキにしたり、巻いて重ねればデコレーションケーキだって作れます。とっても気軽に作れちゃう、天板１枚でできるスイーツ作りを楽しんで。

天板１枚で作る スイーツがプレゼントに最適な理由

① 生地を天板に流し込んで焼くだけだから簡単！

プレゼントやおみやげにスイーツを用意するのは、手間と時間がかかって大変。そこでおすすめなのが天板スイーツ。生地を流し込んで焼くだけだから、本当に簡単です。

② 切り分けてラッピングすればそのままプレゼントに

人数分に切り分けて、クッキングシートで包み、リボンを結べば、そのままおみやげやプレゼントに。柄付きのクッキングシートやリボン、ひもを用意しておきましょう。

③ 型いらずだから場所もとらずにお菓子作りが楽しめる！

お菓子作りに必要な型は、収納する場所をとりがち。天板スイーツは型いらずだから、手軽にスイーツ作りを楽しめます。洗い物が少なくて済むのもうれしいところ。

ベイクドチーズケーキ

フードプロセッサーを使って材料を混ぜ合わせ、天板に流して焼くだけ。
しっかりとした口当たりでレモンの風味がさわやかなチーズケーキです。

WRAPPING IDEA

スティック状にしたチーズケーキを、切ったクッキングシートでくるくる巻き、両端をねじってキャンディ包みに。ひもを巻き、リボン結びで仕上げて。

OVEN
170℃
40-50min

材料（天板1枚分）

クリームチーズ…660g
サワークリーム…300g
レモンの皮
　（国産／すりおろし）
　　…1個分
レモン汁…大さじ1
卵… 4個
薄力粉…80g
グラニュー糖…200g
【台】
　グラハムクラッカー…220g
　溶かしバター（無塩）…80g

作り方

1 フードプロセッサーに台の材料を入れ、しっとりするまで攪拌し、クッキングシートを敷いた天板に、押しつけるように敷き詰める（**a**）。

2 フードプロセッサーに全ての材料を半分入れ（**b**）、なめらかになるまで攪拌し、**1**にのせる。残りの半分も同様にかき混ぜてのせ、表面を平らにならす（**c**）。

3 170℃に予熱したオーブンで40〜50分焼く（**d**）。

ブラウニー

ドライクランベリー、レーズンを入れて味わい深く焼き上げました。
濃厚な味わいで、ラム酒が香る、大人に喜ばれるチョコレートブラウニーです。

WRAPPING IDEA

アルミホイルとクッキングペーパーを重ねて同じ大きさに切ったら、切ったブラウニーをアルミホイル、クッキングシートの順で包みます。リボンを結んで完成。

OVEN
170℃
40-50min

材料（天板1枚分）

- ブラックチョコレート…400g
- ドライクランベリー、レーズン
  …合わせて100g
- 薄力粉…40g
- ベーキングパウダー…5g
- ココア…30g
- 溶かしバター（無塩）…200g
- 卵…4個
- 砂糖…140g
- ラム酒…大さじ1

作り方

1 ボウルに薄力粉、ベーキングパウダー、ココアを入れ、しっかりと混ぜ合わせる。

2 ブラックチョコレートを細かく割り、フードプロセッサーに入れ、攪拌する。熱々の溶かしバターを加えて攪拌し、チョコレートを溶かす（**a**）。

3 **2**に砂糖、卵、ラム酒を加えて攪拌し、**1**を3回に分けて加え、なめらかになるまで混ぜる。

4 クッキングシートを敷いた天板に**3**の半量を流し込み、上にドライクランベリー、レーズンを敷き詰め、残りの**3**を流し込んで（**b**）表面を平らにならす。170℃に予熱したオーブンで40〜50分焼く（**c**）。

フレンチトースト

中まで味を染み込ませたバゲットを、オーブンでカリッと焼き上げています。
バナナとくるみをのせて一緒に焼けば、いつもよりおしゃれなフレンチトーストに。

OVEN
180℃
10-15min

材料（天板1枚分）

バゲット…1本
A ｜ 卵…3個
　　　生クリーム…100mℓ
　　　牛乳…100mℓ
　　　ラム酒…大さじ1
　　　砂糖…大さじ2
　　　バニラオイル…少々
バナナ…2本
くるみ（刻む）…大さじ3
粉砂糖…大さじ3

トッピング
メープルシロップ…適量

作り方

1 ボウルに **A** を入れてよく混ぜる。

2 バゲットは縦半分に切って、横3等分に切り、**1** に20分ほど浸す。バナナは5㎜幅の輪切りにする。

3 天板にオーブンシートを敷き、バゲットを並べ、バナナ、くるみをのせ、粉砂糖をかける（**a**）。180℃に予熱したオーブンで10〜15分焼く。

4 器に **3** を盛り、メープルシロップをかける。

a

ロールケーキ

生クリームはやわらかすぎると形が決まらないので、かために泡立てるのがポイントです。
お好みの厚さに切り分けて、おすそ分けしても。

OVEN 180℃ / 10min

材料（天板1枚分）

薄力粉… 50g
コーンスターチ… 10g
卵… 4個
グラニュー糖… 50g
白ごま油… 大さじ1
バニラオイル… 適宜

トッピング

生クリーム… 100mℓ

作り方

1. 薄力粉とコーンスターチはよく混ぜ合わせ、ふるう。

2. ボウルに卵、グラニュー糖を入れ、80℃くらいの湯を張った大きめのボウルに底をあて、湯煎しながら泡立てる。生地を落として形が残るくらいまで泡立てたら湯煎を外し、室温になるまでさらに泡立てる（**a**）。

3. 2に1を3回に分けてふるい入れ、ゴムべらでさっくりと混ぜ、白ごま油、バニラオイルを加えて混ぜる（**b**）。

4. 天板にオーブンシートを敷き、3を流し入れ（**c**）、180℃に予熱したオーブンで10分ほど焼く（**d**）。

5. 焼き上がったらケーキクーラーの上でひっくり返し（**e**）、粗熱がとれたら乾燥しないように清潔なビニール袋で覆い、冷ます。時間があれば、そのまま半日おく。

6. 5をオーブンシートからはがして、元のようにおき、生クリームを全面に塗り、手前からオーブンシートごと押すように巻く（**f**）。ケーキが乾燥しないようにオーブンシートで包み（**g**）、さらにラップで包む（**h**）。

7. 冷蔵庫で1時間以上落ち着かせ、お好みの厚さに切る。

 a
 e
 b
 f
 c
 g
 d
 h

パーティーケーキ

丸いスポンジを2つ焼かなくても、天板に広げて焼いたスポンジが1枚あれば、簡単に2段ケーキが作れます。パーティーにピッタリの見栄えのするケーキです。

OVEN 180°C / 10min

材料（天板1枚分）

薄力粉… 50g
コーンスターチ… 10g
卵… 4個
グラニュー糖… 50g
白ごま油… 大さじ1
バニラオイル… 適宜

トッピング

生クリーム… 300〜400ml
いちご… 10〜15個
チャービル… 少々
アラザン… 適量

作り方

1 ロールケーキの作り方（P122）**1〜5** と同様にしてスポンジを焼いて冷ます。

2 いちご5個を飾り用に縦半分に切り、残りは縦に薄切りにする。

3 **1** の生地の端をカットして形を整え、さらに横に長く3cm幅に切る（**a**）。生クリーム⅓量を塗り、それぞれ切ったスポンジの中央にくるようにいちごを一列ずつ並べ（**b**）、ひと切れを端から巻き（**c**）、皿の中心にのせる。

4 残りのスポンジはひと切れ残して、**3** の巻き終わりからつながるように、さらに巻く（**d**）。残したひと切れは小さめの円になるように別で巻き、**d** の上にのせ2段にする（**e**）。

5 **4** の周りに残りの生クリームを塗り、飾り用のいちごとチャービルを飾り、アラザンをかける。

INDEX

肉類・肉加工品

■牛肉
牛肉とにんじんのロースト ……… 024
牛もも肉とパイナップルのロースト … 048
デミグラのクリームドリア ……… 088

■豚肉
豚バラとアスパラのロースト
　温泉卵のせ ……………………… 018
豚肉となすとズッキーニの
　ミルフィーユ …………………… 020
豚肩ロースときのこと
　じゃがいものロースト ………… 022
豚肩ロースとりんごのロースト … 046
スペアリブと香味野菜と
　丸ごと玉ねぎのロースト ……… 058
ドライフルーツのローストポークと
　ザワークラウトのロースト …… 064
豚とあさりのトマト蒸し ………… 093
丸ごと玉ねぎの肉詰めスープ …… 109

■鶏肉
鶏もも肉とトマトのロースト …… 014
鶏手羽中とれんこん、ごぼうのロースト … 016
鶏もも肉とレモンのクリーム焼き … 047
鶏手羽元とオレンジとプルーンの
　ロースト ………………………… 049
ごちそうパエリア ………………… 054
骨つき鶏もも肉のカチャトーラ … 056
洋食屋さんのグラタン …………… 078
鶏肉と野菜のエスニック蒸し …… 092
冬瓜と鶏手羽中のスープ ………… 111

■羊肉
ラムチョップとサルサのクスクス … 060

■肉加工品
かぼちゃとさつまいもと生ハムの
　ロースト ………………………… 036
パプリカとランチョンミートの
　ロースト温泉卵のせ …………… 042
ごちそうパエリア ………………… 054
タルトフランベ …………………… 066

スチームなすと生ハムのマリネ … 068
玄米サラダ ………………………… 068
チャーシューとセロリのサラダ … 069
きゅうりと鶏ハムの
　ピリ辛バンバンジー …………… 069
鶏ハムと薬味のサラダ …………… 070
ビスマルク ………………………… 098
野菜たっぷりフォカッチャ ……… 104
焼きミネストローネ ……………… 110

魚類・貝類・魚加工品

■あさり
アクアパッツァ …………………… 090
豚とあさりのトマト蒸し ………… 093

■いか
いかと長いものロースト ………… 034
ごちそうパエリア ………………… 054

■えび
えびとパプリカのロースト ……… 032
ごちそうパエリア ………………… 054
洋食屋さんのグラタン …………… 078
えびとマッシュルームの
　オーロラドリア ………………… 084

■牡蠣
じゃがいもと牡蠣のグラタン …… 080

■サーモン
サーモンとじゃがいものロースト … 026
玉ねぎとスモークサーモンの
　ロースト ………………………… 044
ノルウェーサーモンと緑の野菜の
　香草焼き ………………………… 062

■鯛・たら
たらとかぶのロースト …………… 028
鯛のセビーチェ …………………… 070
白身魚のドリア …………………… 086
アクアパッツァ …………………… 090
白身魚の香草蒸し ………………… 091

■ぶり
ぶりと大根のロースト …………… 030

■ほたて
洋食屋さんのグラタン …………… 078

■ムール貝
ごちそうパエリア ………………… 054

■魚加工品
れんこんとアンチョビのロースト … 038
ミックスビーンズとツナのサラダ … 071
トマトとオイルサーディンの
　バジルサラダ …………………… 071
じゃがいもとアンチョビ、
　ローズマリーのピッツァ ……… 100

野菜類

■貝割れ菜
鶏ハムと薬味のサラダ …………… 070

■かぶ
たらとかぶのロースト …………… 028

■かぼちゃ
かぼちゃとさつまいもと生ハムの
　ロースト ………………………… 036
鶏肉と野菜のエスニック蒸し …… 092
野菜たっぷりフォカッチャ ……… 104

■カリフラワー
白身魚のドリア …………………… 086

■キャベツ
焼きミネストローネ ……………… 110

■きゅうり
玄米サラダ ………………………… 068
きゅうりと鶏ハムの
　ピリ辛バンバンジー …………… 069

■グリーンアスパラガス
豚バラとアスパラのロースト
　温泉卵のせ ……………………… 018
ごちそうパエリア ………………… 054
ノルウェーサーモンと緑の野菜の
　香草焼き ………………………… 062

■クレソン
鶏もも肉とレモンのクリーム焼き … 047
ドライフルーツのローストポークと
　ザワークラウトのロースト …… 064

■ごぼう
鶏手羽中とれんこん、ごぼうのロースト … 016

■さやいんげん
じゃがいもといんげんのマリネ … 073

■ズッキーニ
豚肉となすとズッキーニの
　ミルフィーユ …………………… 020
骨つき鶏もも肉のカチャトーラ … 056
ノルウェーサーモンと緑の野菜の
　香草焼き ………………………… 062
野菜たっぷりフォカッチャ ……… 104

■セロリ
鶏もも肉とトマトのロースト …… 014
サーモンとじゃがいものロースト … 026
骨つき鶏もも肉のカチャトーラ … 056
スペアリブと香味野菜と
　丸ごと玉ねぎのロースト ……… 058
玄米サラダ ………………………… 068
チャーシューとセロリのサラダ … 069
ミックスビーンズとツナのサラダ … 071
えびとマッシュルームの
　オーロラドリア ………………… 084
アクアパッツァ …………………… 090
焼きミネストローネ ……………… 110

■大根
ぶりと大根のロースト …………… 030

■玉ねぎ・紫玉ねぎ・ペコロス
パプリカとランチョンミートのロースト
　温泉卵のせ ……………………… 042
玉ねぎとスモークサーモンの
　ロースト ………………………… 044
ごちそうパエリア ………………… 054
骨つき鶏もも肉のカチャトーラ … 056
スペアリブと香味野菜と
　丸ごと玉ねぎのロースト ……… 058
ラムチョップとサルサのクスクス … 060
タルトフランベ …………………… 066

玄米サラダ ………………………… 068
鯛のセビーチェ …………………… 070
ミックスビーンズとツナのサラダ … 071
ゆで卵とアボカドの
　ヨーグルトサラダ ……………… 072
ミニトマトとオレンジのサラダ … 073
洋食屋さんのグラタン …………… 078
デミグラのクリームドリア ……… 088
アクアパッツァ …………………… 090
鶏肉と野菜のエスニック蒸し …… 092
ビスマルク ………………………… 098
オニオングラタンスープ ………… 108
丸ごと玉ねぎの肉詰めスープ …… 109
焼きミネストローネ ……………… 110

■冬瓜
冬瓜と鶏手羽中のスープ ………… 111

■トマト・トマトソース・トマトペースト
鶏もも肉とトマトのロースト …… 014
えびとパプリカのロースト ……… 032
骨つき鶏もも肉のカチャトーラ … 056
ラムチョップとサルサのクスクス … 060
トマトとオイルサーディンの
　バジルサラダ …………………… 071
ミニトマトとオレンジのサラダ … 073
えびとマッシュルームの
　オーロラドリア ………………… 084
アクアパッツァ …………………… 090
豚とあさりのトマト蒸し ………… 093
ビスマルク ………………………… 098
セミドライトマトとローズマリーの
　フォカッチャ …………………… 106
焼きミネストローネ ……………… 110

■なす
豚肉となすとズッキーニの
　ミルフィーユ …………………… 020
骨つき鶏もも肉のカチャトーラ … 056
スチームなすと生ハムのマリネ … 068
ムサカ ……………………………… 082

■長ねぎ・万能ねぎ
牛肉とにんじんのロースト ……… 024
たらとかぶのロースト …………… 028
いかと長いものロースト ………… 034
れんこんとアンチョビのロースト … 038

スペアリブと香味野菜と
　丸ごと玉ねぎのロースト ………… 058
チャーシューとセロリのサラダ …… 069
きゅうりと鶏ハムの
　ピリ辛バンバンジー ……………… 069
鶏ハムと薬味のサラダ ……………… 070
白身魚のドリア ……………………… 086
白身魚の香草蒸し …………………… 091
豚とあさりのトマト蒸し …………… 093
冬瓜と鶏手羽中のスープ …………… 111

■にんじん
牛肉とにんじんのロースト ………… 024
キャロットラペ ……………………… 072
焼きミネストローネ ………………… 110

■白菜
白菜とブルーチーズのロースト …… 040

■パクチー
豚肉となすとズッキーニの
　ミルフィーユ ……………………… 020
ラムチョップとサルサのクスクス … 060
鯛のセビーチェ ……………………… 070
白身魚の香草蒸し …………………… 091

■パプリカ
えびとパプリカのロースト ………… 032
パプリカとランチョンミートの
　ロースト温泉卵のせ ……………… 042
ごちそうパエリア …………………… 054
骨つき鶏もも肉のカチャトーラ …… 056
野菜たっぷりフォカッチャ ………… 104

■みょうが
鶏ハムと薬味のサラダ ……………… 070

■ルッコラ
ミニトマトとオレンジのサラダ …… 073

■れんこん
鶏手羽中とれんこん、ごぼうのロースト … 016
れんこんとアンチョビのロースト … 038

きのこ類

豚肩ロースときのこと
　じゃがいものロースト …………… 022
えびとマッシュルームの
　オーロラドリア …………………… 084

いも類

■さつまいも
かぼちゃとさつまいもと生ハムの
　ロースト …………………………… 036

■じゃがいも
豚肩ロースときのこと
　じゃがいものロースト …………… 022
サーモンとじゃがいものロースト … 026
じゃがいもといんげんのマリネ …… 073
じゃがいもと牡蠣のグラタン ……… 080
ムサカ ………………………………… 082
じゃがいもとアンチョビ、
　ローズマリーのピッツァ ………… 100
焼きミネストローネ ………………… 110

■長いも
いかと長いものロースト …………… 034

卵

豚バラとアスパラのロースト
　温泉卵のせ ………………………… 018
パプリカとランチョンミートの
　ロースト温泉卵のせ ……………… 042
ゆで卵とアボカドの
　ヨーグルトサラダ ………………… 072
ビスマルク …………………………… 098
ベイクドチーズケーキ ……………… 116
ブラウニー …………………………… 118
フレンチトースト …………………… 120
ロールケーキ ………………………… 122
パーティーケーキ …………………… 124

乳製品

■牛乳
ホワイトソース ……………………… 078
白身魚のドリア ……………………… 086

フレンチトースト …………………… 120

■チーズ
豚バラとアスパラのロースト
　温泉卵のせ ………………………… 018
白菜とブルーチーズのロースト …… 040
タルトフランベ ……………………… 066
玄米サラダ …………………………… 068
洋食屋さんのグラタン ……………… 078
ムサカ ………………………………… 082
えびとマッシュルームの
　オーロラドリア …………………… 084
白身魚のドリア ……………………… 086
デミグラのクリームドリア ………… 088
ビスマルク …………………………… 098
じゃがいもとアンチョビ、
　ローズマリーのピッツァ ………… 100
クアトロフォルマッジョ …………… 102
オニオングラタンスープ …………… 108
ベイクドチーズケーキ ……………… 116

■生クリーム・サワークリーム
白菜とブルーチーズのロースト …… 040
鶏もも肉とレモンのクリーム焼き … 047
ホワイトソース ……………………… 078
じゃがいもと牡蠣のグラタン ……… 080
ムサカ ………………………………… 082
えびとマッシュルームの
　オーロラドリア …………………… 084
白身魚のドリア ……………………… 086
デミグラのクリームドリア ………… 088
鶏肉と野菜のエスニック蒸し ……… 092
ベイクドチーズケーキ ……………… 116
フレンチトースト …………………… 120
ロールケーキ ………………………… 122
パーティーケーキ …………………… 124

■ヨーグルト
鶏もも肉とレモンのクリーム焼き … 047
ゆで卵とアボカドの
　ヨーグルトサラダ ………………… 072
ムサカ ………………………………… 082

豆類

ミックスビーンズとツナのサラダ … 071
鶏肉と野菜のエスニック蒸し ……… 092

果実類・果実加工品

■アボカド
ノルウェーサーモンと緑の野菜の
　香草焼き …………………………… 062
ゆで卵とアボカドの
　ヨーグルトサラダ ………………… 072

■いちご
パーティーケーキ …………………… 124

■オリーブ
アクアパッツァ ……………………… 090
セミドライトマトとローズマリーの
　フォカッチャ ……………………… 106

■オレンジ
鶏手羽元とオレンジとプルーンの
　ロースト …………………………… 049
ミニトマトとオレンジのサラダ …… 073

■グレープフルーツ
ノルウェーサーモンと緑の野菜の
　香草焼き …………………………… 062
キャロットラペ ……………………… 072

■パイナップル
牛もも肉とパイナップルのロースト … 048

■バナナ
フレンチトースト …………………… 120

■ドライフルーツ
鶏手羽元とオレンジとプルーンの
　ロースト …………………………… 049
ドライフルーツのローストポークと
　ザワークラウトのロースト ……… 064
ブラウニー …………………………… 118

■りんご
玉ねぎとスモークサーモンの
　ロースト …………………………… 044
豚肩ロースとりんごのロースト …… 046
ドライフルーツのローストポークと
　ザワークラウトのロースト ……… 064

■レモン・ライム
サーモンとじゃがいものロースト … 026
玉ねぎとスモークサーモンの
　ロースト …………………………… 044
鶏もも肉とレモンのクリーム焼き … 047
ごちそうパエリア …………………… 054
アクアパッツァ ……………………… 090
ベイクドチーズケーキ ……………… 116

穀物・粉類

■押し麦
焼きミネストローネ ………………… 110

■クラッカー
ベイクドチーズケーキ ……………… 116

■ご飯・米・玄米
ごちそうパエリア …………………… 054
玄米サラダ …………………………… 068
えびとマッシュルームの
　オーロラドリア …………………… 084
白身魚のドリア ……………………… 086
デミグラのクリームドリア ………… 088

■そば米
ノルウェーサーモンと緑の野菜の
　香草焼き …………………………… 062

■マカロニ・クスクス
ラムチョップとサルサのクスクス … 060
洋食屋さんのグラタン ……………… 078

■パン
れんこんとアンチョビのロースト … 038
オニオングラタンスープ …………… 108
フレンチトースト …………………… 120

■小麦粉
タルトフランベ ……………………… 066
ホワイトソース ……………………… 078
ピッツァ生地 ………………………… 096
フォカッチャ生地 …………………… 097
ベイクドチーズケーキ ……………… 116
ブラウニー …………………………… 118
ロールケーキ ………………………… 122
パーティーケーキ …………………… 124

レシピ作成・調理

上島亜紀（かみしま あき）

料理家・フードコーディネーター&スタイリストとして女性誌を中心に活動。企業のレシピ監修、提案も行う。パン講師、食育アドバイザー、ジュニア・アスリートフードマイスター取得。簡単に作れる日々の家庭料理を大切にしながら、主宰する料理教室「A's Table」では、楽しくて美しいおもてなし料理を提案。著書に『一度にたくさん作るからおいしい煮込み料理』(成美堂出版)、『ひとりぶんでも、きちんとおいしいごはん』(ナツメ社)などがある。

STAFF

撮影 .... 松島 均
デザイン .... 細山田光宣／松本 歩（細山田デザイン事務所）
スタイリスト .... 城 素穂
調理アシスタント ...... 常峰ゆう子
編集・構成 .... 丸山みき（SORA企画）
編集アシスタント ...... 岩本明子／柿本ちひろ（SORA企画）
編集担当 .... 畑 乃里繁（学研プラス）

切って並べて焼くだけ！
天板1枚で、ごちそうオーブン料理

2016年11月29日　　第1刷発行

著者　　　上島亜紀
発行人　　鈴木昌子
編集人　　南條達也
企画編集　田村貴子
発行所　　株式会社　学研プラス
　　　　　〒141-8415
　　　　　東京都品川区西五反田2-11-8
印刷所　　大日本印刷株式会社
DTP製作　 株式会社ノーバディー・ノーズ

この本に関する各種お問い合わせ先
【電話の場合】
●編集内容については　Tel：03-6431-1223（編集部直通）
●在庫、不良品（落丁、乱丁）については　Tel：03-6431-1250（販売部直通）
【文書の場合】
〒141-8418 東京都品川区西五反田2-11-8
学研お客様センター『切って並べて焼くだけ！ 天板1枚で、ごちそうオーブン料理』係

この本以外の学研商品に関するお問い合わせは下記まで。
Tel：03-6431-1002（学研お客様センター）

©Aki Kamishima / Gakken Plus 2016 Printed in Japan

本書の無断転載、複製、複写（コピー）、翻訳を禁じます。
本書を代行業者等の第三者に依頼してスキャンやデジタル化することは、たとえ個人や家庭内の利用であっても、著作権法上、認められておりません。

複写（コピー）をご希望の場合は、下記までご連絡ください。
日本複製権センター　http://www.jrrc.or.jp/
E-mail：jrrc_info@jrrc.or.jp　Tel：03-3401-2382
Ⓡ〈日本複製権センター委託出版物〉

学研の書籍・雑誌についての新刊情報・詳細情報は、下記をご覧ください。
学研出版サイト：http://hon.gakken.jp/